职场白领丽人丛书

职场礼仪全修炼

丁勇　焦龙梅◎编著

中国中医药出版社
·北京·

图书在版编目（CIP）数据

职场礼仪全修炼 / 丁勇，焦龙梅编著．—北京：中国中医药出版社，2015.5

（职场白领丽人丛书）

ISBN 978-7-5132-2147-4

Ⅰ．①职…　Ⅱ．①丁…　②焦…　Ⅲ．①心理交往—礼仪　Ⅳ．① C912.1

中国版本图书馆 CIP 数据核字（2014）第 273512 号

中国中医药出版社出版

北京市朝阳区北三环东路 28 号易亨大厦 16 层

邮政编码　100013

传真　010 64405750

三河西华印务有限公司印刷

各地新华书店经销

*

开本 880×1230　1/32　印张 6.625　字数 114 千字

2015 年 5 月第 1 版　2015 年 5 月第 1 次印刷

书号　ISBN 978-7-5132-2147-4

*

定价　35.00 元

网址　www.cptcm.com

社长热线　010 64405720

购书热线　010 64065415　010 64065413

微信服务号　zgzyycbs

书店网址　csln.net/qksd/

官方微博　http：//e.weibo.com/cptcm

淘宝天猫网址　http：//zgzyycbs.tmall.com

作者简介

丁勇，资深媒体人，供职于国家级门户网站。热衷经济学、社会学、心理学研究，曾为《中国经济年鉴》供稿，对如何成为成功职业人士更具洞察力，著有《怎么交到好朋友》等优秀作品。

焦龙梅，当代女性知心人，以“婚恋、两性、女性心理”为研究方向，以“关注女性生活，关爱女性健康”为创作宗旨，著有《完美女人加减法》《新媳妇宽心计》，以及网络小说《尔了魂》。

出版前言

本书为《职场白领丽人丛书》之一，是一本介绍职场礼仪知识、教你如何塑造良好职业形象的手册。本套丛书分为两册，即《职场礼仪全修炼》《职场口才全修炼》。针对想要褪去“幼稚”外衣的职场白领丽人一族，前者讲述了人际交往中最常见又最易被忽视的礼仪细节，后者介绍了提升口才的方法，帮助职场女性从激烈的竞争中脱颖而出，成就自己的职场之路。

具备优良专业技能的毕业生或入职不足三年的职场人士，就像是优良种子一样，你必须首先考量什么样的土壤、什么样的生长环境适合你发芽冒尖。古语有云，“橘生淮南则为橘，生于淮北则为枳”，结出苦果还是甜果，跟你生长的环境息息相关，所以，选择你就职的公司是最重要的，这关系到你能不能结出好果子来。

当今的职场竞争如此激烈，一毕业就失业，就算是参加了工作，但很快就有大批的优秀人士后补上来，没有了铁饭碗，如何保住职位？这就像是农民不会在一个坑里只种一棵苗一样，他们会把长得好的留下，而把长得差的拔掉。怎么才能满足老板的期望，保住自己的生存空间，这在当今尤为重要。因此，如何打败竞争对手，成为优秀的职业人，是本书重点要说的问题。

农民会为禾苗除草，以防杂草妨碍禾苗的健康成长和结出硕果，公司老板其实也在尽可能为员工创造适宜的工作环境，毕竟员工出成绩，最终受益的还是公司，但是很多无形的干扰，就像是怎么也去除不干净的杂草一样，总会生存于你工作的地方。我们常常听到有人说“工作好累啊”“不是身体累，是心里累”“与人相处是最难的事”，类似这样的无奈感慨，其实就是因为大家受困于干扰的“杂草”发出的悲鸣。的确，在职场当中，就算你具备过硬的专业，你如不能巧于斡旋这些无法消除的干扰，你也很难抵达成功的彼岸。

禾苗的成长也不轻松，有时狂风怒号，有时暴雨瓢泼，有时艳阳毒辣，职业人士也是如此，工作本身，各种考验也会相随相伴，这就需要你自身的意志和抵抗能力了。觉得压力重重的时候，不妨翻开本书，或许有些提示和方法真的会帮助你。

目录

MULU

MULU

MULU

第一章
初入职场

1

职场女性的穿着

要到公司上班了，面试时的一两套衣服已经不能满足上班时的需求。特殊的性别（女性需要通过服装来提升人气），变换的季节（四时不同），衣着有别，都会让衣着成为女性在职场必须要为自己上心的一个项目。尤其对于职场新人来说，工作经验有限，社交范围狭窄，这些都需要通过谨慎的举止、适宜的装扮、得体的衣着来为自己的职场之路披荆斩棘，开拓道路。尤其是衣着，俗话说，“人靠衣服马靠鞍”，得体的衣着，可以让你有更多的自信心开展工作，有更大的吸引力建立人脉网络。以下几点是给职场女性在衣着方面的建议，可作参考。

衣服的式样要以简单大方为原则。线条、款式越简单越好，切忌混杂太多色彩及使用太复杂的图案。花边、蕾丝繁多的服装少穿，否则会使人觉得“小家子气”。颜色以统一协调的色系为主。

衣服质料非常重要。设计再好的服装，也需要质料好的布料缝制，以便相得益彰、和谐搭配。晚秋、冬天、早春，职场女性可选择棉、纯羊毛衣料；早春过后，到深秋以前，可以选择丝绸、锦缎和高级纤维材质的裙装和套装。不要把质料不同和完全不匹配的衣服混在一起穿。

按“重质不重量”的原则购买衣物。购买穿了几次就不能再穿或样式虽然时髦，但品质却很差劲的衣服，都是不精明的做法。尤其是人在职场时，品质最重要，宁可少买，也要买质量优良的衣服。

简约中不乏精致。高级面料，优雅得体的剪裁，少得不能再少的线条，领口、袖口的细微变化，都能充分展示你的品味。繁琐不适宜职场人士，简约在办公场合会显得极其协调。简约中又不乏精致，该是你在职场中最优先的衣着选择。

剪裁要得体，穿着要整洁。过于紧身和过于宽松的衣服都不适宜在办公场所穿着；缺了纽扣、挂着断线、丝袜开口、配饰缺少、鞋面破损、鞋跟不稳，这都是穿着中的败笔，职场女性要穿出女性的高雅，还要穿出女性的细致。

2

初涉职场的原则

进入一家公司，真可谓是过五关斩六将，拿到录用通知书时，心里一定是有掩藏不住的欣喜和快乐，但是高兴归高兴，正式进入公司后，还是要继续发挥成熟稳重的作风。因为职场有职场的原则，公司有公司的规定，尤其对于初涉职场的女性来说，进入公司后，才是公司对你真正考察的开始。如何在公司站稳脚跟、获得好评，你还需要继续努力。还是从以下几条基本的职场原则开始要求自己吧！

进入一家公司时，首先要了解公司内部的组织结构，有多少部门，每个部门又负责什么工作；还要了解公司的经营方针和工作作风；如果还能把老板的行事风格也摸清楚就更有好处。这对公司全局的认识将有助于你在公司站稳脚跟。

书本知识和实际工作有很大差距，前一个公司和后一个公司的业务范围也有可能不同。因此，你在进入一家公司后，要尽快掌握公司需要你具备的专业知识和业务能力，这样才能完成公司交代给你的工作任务。

在进入公司的初期，你的领导和上司一定会用一种审查的眼光看你。因此，你一定要在预定时间内提前或及时完成工作任务，不给别人留下办事拖拖拉拉的不良印象。

上班期间闲聊，不但会影响你个人的工作进度，还会影响其他同事的工作情绪，进而引起上司的反感甚至责备，让自己陷入尴尬局面。

执行工作时，一定要清楚上司交代的任务是什么，应该什么时候完成，完成后还需要做什么后续工作。对于上司交代的任务最好做个记录，这样可以督促自己尽快地、保质保量地完成任务。

外出收款、取文件时或采买办公用品时，一定要一次就问清金额、物品数量、价格范围等重要细节。如果有设想到的困难，也可以提前请示，这给人一种办事干练、经验老到的良好印象。

上司召唤、客人来访或有其他事务，都有可能打断你正在进行的工作，离开座位时，记得要关上电脑显示器、收妥资料，就算时间再仓促，也要将重要文件或资料收拾妥当。

3

安全度过试用期

绝大多数用人单位和应聘者签订的合同中，规定了 2 ~ 3 个月的试用期。试用期间，如果表现令公司满意，也没有出现大的失误，则可以安全度过试用期，成为正式员工。但是，很多职场人士，在初到一个公司时，因为表现不佳，最终未能如愿。尤其是职业女性，更缺乏警惕性，以为在新的公司可以安稳落户了，没想到工作中出现的问题和上班时的穿着打扮，都让老板皱起了眉，最后以某种方式下了“逐客令”，令女士们尴尬万分，懊恼不已。试用期出了差错，前面的努力就功亏一篑了，那么，怎样才能安全度过试用期呢?

到了新公司后，切忌不要夸夸其谈，以为自己在书本上学到了真理论，或在原来公司有了老经验，就在新同事面前炫耀自己的见识，这是很不成熟的表现。如果夸下海口，在工作上却出了错误，很可能被安上试用不合格的帽子。

一味地埋头苦干，闭口不言，也不是新职员该有的表现。人家会以为你没有主见、没有想法、不积极、没有创造力，往往会在求职门前吃到闭门羹。

在试用期如果老板或上司给你安排了工作，却又不过问进度，你就要主动向老板或上司汇报工作了。不方便当面说，就写成书面文件，等合适时间，当面交给领导，对你未来工作的展开很有帮助。

有一些特殊的公司实习期比较长，有的长达1年，甚至2年，而这样的公司往往对职员有特别高的要求。因此，进入该公司试用的你，要自始至终保持紧张状态，一旦松懈，在后来的几个月表现不佳，那前面的努力都会白白浪费。

试用期间，你完全是新人，对自己的上司和同事，都要礼貌客套，必要时要称呼老师、大哥、大姐，在你还没有成为正式员工之前，你必须谦虚谨慎、小心行事。

初入公司，就在同事间搬弄是非，是职场女性的大忌。有很多老员工喜欢跟新同事嚼舌头，面对这样的状况，要只听不说，或者尽量避开嚼舌根的同事，以免引起别的同事怀疑和不满。

4

初入职场的贴心提醒

不管是刚出校门，还是职场老将，初次走上工作岗位或调换工作的时候，会面临一个新的办公环境。在这样的环境中，环境是完全陌生的环境，你也是完全陌生的你。如何在初入职场中，让自己的表现完满，并且不会给自己带来伤害甚至严重的后果，对于职业女性来说是最关心的问题。其实陌生的环境并不可怕，很多事情都有其内在的规律，只要你审慎对待，小心处置，一定会游刃有余、自如发挥。那么，如何才能在新的工作环境中，让自己不至于陷入尴尬境地，却能受到大家的欢迎，还能让自己有一个好的开始呢？以下一些贴心的提醒会帮助你在初入职场时一帆风顺。

培养良好的第一印象。大多数人会针对面试为自己打造良好的第一印象，但这个“印象”只是面向面试官的，当你真正进入职场后，你的同事更需要你有良好的第一印象，这样他们才能接纳你，至少不会排斥你。所以，别以为过了面试就可以放松警惕，给同事们留下良好的第一印象，还需要你费些心思。

理顺新接手的工作。刚接手的工作，总会面临这样那样的问题。比如前任留下的后遗症，上司交代不明确，面对这些难题，不要气馁，更不要抱怨，这不但于事无补，还会让人觉得你能力欠缺，只想着推脱责任。你应该用几天的时间，一边处理紧要的事务，一边理清工作的要点、思路，这样才能做到心中有数。

放开手脚干工作。有一些职场新人，尤其是女性，初到一个单位时，往往受困于传统道德的影响，谦虚过分，总觉得自己没有经验没有资历，于是老怕自己出错，老怕自己做不好，老是问“这个可以这么做吗？”“那件事情我一个人能做好吗？”偶尔询问，那叫谦虚；总是请教，就是无能了。

不自以为是，不自作主张。工作时要领会领导的意图，不要只听了只言片语就“心领神会”，不清楚的地方要问清楚，没得到明确的指令不要自由发挥，自作主张的新人，会招来上司的不满。

5

职场新人“自卫行为”

现在工作难找，大多数人找到工作时，心里充满兴奋。有工作了，可以挣钱了，可以养家糊口了！高兴是应该的，但是高兴之余，也别忘了提高警惕，现在骗人公司、非法雇佣、霸王条款已不新鲜，不要让兴奋期还没过的你，遭人陷害，损失利益，甚至受到更大的伤害。多留一个心眼，多听听亲人、朋友的建议，多观察新公司的情况，多留心老板的表现，别盲目地“投入”工作，到最后懊悔不已。以下的一些提示是职场行为该有的“自卫行为”，做个精明的女孩吧！不要在权利被侵害以后，显得那么“楚楚可怜”，职场只需要精明的女性。

选择正规公司，至少是有营业执照的公司。你所在公司是否正规，是否经过国家审批。面试的时候，可能你无法得到充足的信息，但是进入公司后，你已经有条件通过各种途径了解公司的性质。

你是被雇佣方，你应该得到佣金。不管进入什么公司工作，你都是被雇佣的一方，你应该得到佣金，而不是在公司各种名目之下，交出什么“押金”“投资金”什么的，凡是有这种行为的公司，你都应该立刻转身离去。

薪水是否和面试时所谈一致。有些公司，面试的时候说得很好，但等你进入公司或工作满一个月后，发的薪水却和面试时有差距。不管他的理由如何天花乱坠，拿上你已经得到的那一部分，另寻高就去吧！

公司老板人格是否完善。有些小公司老板说了算，老板可以对每个员工直接行使权力。这时候你就要留心公司老板的人格是否完善，如果老板心术不正，尤其对于漂亮的、新来的女同事动手动脚，你还是尽快离开的好。

试用期后，是否签订正式劳务合同。一般公司过了试用期，就会签订正式的劳务合同，那么你签了吗？签合同的时候，你的合法权利是否被侵犯？公司是否给你缴纳社会保险？如果答案是否定的，你要冷静思考是否重新择业，因为不规范的公司只能给你不合理的待遇，趁着还没有“陷入太深”，可考虑尽快脱身。

6

职场新人的禁忌

初入职场，面临的是一个先前从未生活过的环境：不知道性格特征的老板，不知道企业文化的公司，不知道同事性格的圈子，不知道处事方式的办公室……很多的不知道，让年轻、纯真、率性的女性不是茫然不知所措，就是不知不觉陷入尴尬之地。进入职场，除了老老实实做好本职工作之外，还有一些禁忌是我们必须了解的，这些禁忌看起来不影响你的工作能力，但是却会影响你在公司的生存和发展，影响你对整个职场的初体验，以致于影响你后来在职场中的感受，影响你整个人生的感受。

借故接近老板。很多年轻女性一进单位，就想通过自己的个人魅力去接近老板，她们一心想着，只要把老板哄开心了，以后在公司就不会吃苦头。有些公司可以使这样的招数，但绝大多数公司的老板比较正直，过分的举止，不但不能博取老板的欢心和优待，还会很快被同事孤立。

嫉妒别的同事。初入职场，各方面经验和技能自然会和别的老同事有所差别，要虚心向他们学习，并努力提升自己的能力，不要盲目嫉妒别人，这不利于你在新的工作环境团结同事，也不利于自己在新公司的生存。

背后议论别人。过于主动介入同事的隐私并加以评点，会引起别人的厌恶感。如果你再把同事的做事风格拿出来议论，那更是犯了大忌。别以为和你聊天的人会欣赏你这样的“长舌妇”，他们心里其实也不满意你这样的参与。

把功劳归于自己。很多人只要取得一点成就，就会不分场合地点到处邀功，逢人便说，总想夸耀自己。作为职场新人，最好不要这么骄傲地给自己过高的评价，一个谦虚的人，更容易被人接纳。

过分计较得失。我们时常衡量一件事情总会想付出与所得是否匹配，在办公室更是如此，但是过分计较个人得失只会让你以最快的速度处于孤家寡人的境地。对那些眼前的蝇头小利还是看淡一点为好，斤斤计较，会让自己在人际关系上陷入僵局。

7

从基层做起又何妨

毋庸置疑，谁都想有一份体面的工作，一份高额的薪水。与其羡慕那些有高官爷爷、富翁爸爸的同龄人，不如静下心来，像绝大多数人那样，从基层做起，一步一个脚印，从最底处体验不同的工作方式，积累丰富的人生经验。任何级别的劳动都是光荣的，抱怨自己的工作，蔑视自己的职业，得过且过，这是荒唐而不成熟的做法。不管从事多么卑微的工作，积极的工作态度，付之于艺术家的精神，用比体面工作更多的热忱，把眼前的工作做好、做精，做出名堂来，这样你才有机会从目前的窘境中解脱出来，去争取那份你心目中期望的“体面”工作。

没有卑微的工作，只有卑微的态度。如果一个人轻视他自己的工作，而且很不负责任，这只能说明一个问题，一个连最基本的工作都做不好的人，是不能胜任更高一个层次的工作的。

基层工作虽然起点低，但并不意味着你不能从中做出大成就。保持一份良好的工作态度，从工作中感受劳动的乐趣，在完成你的分内之事的同时，机会正悄悄从你头顶降临。

最基础的工作，往往是你锤炼自己的最佳方式。认真对待你的基础工作，通过这种单调而乏味的劳动锻炼自己的意志和耐力。同时，不断通过其他方式提高自己的工作技能和专业水平，意志和能力是你走向更高层次工作岗位的必要元素。

基础工作里也有大文章可做，关键是你需要从全局去考量你的工作，并能从工作中挖掘出一些能对公司的发展有意义的好方法。

甘于做一份基础工作，却不止于一份基础工作。如果在这个工作岗位上不能展现自己的优势，不妨借个机会，从事另外一份更有挑战性的基础工作。

做好工作的同时，通过学习提升自己的知识结构，这样就不会因为条件不具备而错失良好的提职时机。

要有勇气和信心，向你的上司申请更高级别的工作任务，但前提是，你有足够的信心，相信自己可以完成更复杂的工作任务。

8

把第一份工作当事业

职场当中存在的一个普遍现象是，绝大多数人并不把自己正在从事的工作当做“事业”。大家都认为，工作只不过是用来谋生的手段，给别人打工，只不过是出卖廉价的劳动力，第一份工作只不过是暂时落脚的地方……在这种理念的“指引”下，很多人不敬业，得过且过，拿到一份薪水是最终目的，就算是迫于压力做出点成绩，也只当成是为老板做的，是为公司做的，与自己无关，也就没有什么成就感，更没有什么实质性的收获。其实，我们应当把第一份工作，当做成就人生价值的起点，因为这是我们养成敬业、勤奋等各种良好职业品质的重要时期。记住：只有把第一份工作当做自己事业的人，才可能真正拥有自己的事业。拥有这样的心态，你才能从工作中得到更多锻炼。

从工作中获取快乐。当你把工作当做自己的事业时，而且是自己的事业时，你会感觉到工作是快乐的，你的每一份付出都是你心甘情愿的，而每一次的成功都会给你带来成就感。

你可以实现资本的原始积累。你努力工作，薪水自然会比别人高；如果你进入高管层次，你还可以获得公司股票。你中500万彩票的几率很低，跟别人借钱也不是容易的事，通过自己的工作积累创业的启动资金，才是最能保留自尊的方式。

你可以从中学到创业经验。任何一个行业都有其独特的经营流程、行业规范、产品制造工艺、销售网络、人际关系等，这些方面又都可以和其他行业共通共融，对于初涉职场的你来说，这些经验对你未来的发展是极其宝贵的财富。

懂得如何处理人际关系。在第一份工作中，你可是史无前例地学习到如何与人相处，如何管理他人，如何去做一个成功的老板。自己要做老板，必须先学习别人是怎么当老板的。

你可以学到从业知识。理论和实际总是有巨大的差异的，第一份工作给了你这样一个锻炼和实践的平台，如果你以本行业为发展方向，你从工作中可以了解到创业所需的从业知识。

第二章
办公礼仪

1

做个有魅力的职业人

工作要出色，打扮要得体，行为举止更要遵循一定的礼仪，这是做个有魅力的职场人士的基本条件。在日常办公中，我们不能总是埋头工作，更多的工作是通过频繁地与人打交道来组织实现的。这样，职场中的待人接物是否遵循一定的礼仪，是否能避免引起别人的反感而赢得别人的好感，就显得非常重要了。待人接物的诸多方面对绝大多数人来说，需要长久的锤炼和探索，但基本的职场礼仪一定要在职场中努力学习和遵循。

接打电话礼仪。接打电话时，说话要吐字清晰、语速要缓慢、音调要适中，要让对方感到你的微笑。如果有重要的电话来访，要做详细的电话记录；如果是找别的同事的电话，要请对方等待接听或告诉对方适合接打的时间和号码。

访客迎送礼仪。当客人来访时，你应该主动地从座位上站起来，引领客人进入会客厅或其他公共接待区，让对方有地方可坐，并立刻送上一杯白水或饮料。如果你和访客是在你自己的座位边交谈，应注意谈话声音要小，不要大声说笑，以免影响其他同事正常办公。

名片递收礼仪。递送名片方式，应用双手拇指和食指轻捏名片两角，使文字正面朝向对方；接名片时要用双手，接过后认真看看名片的内容。如果接下来还要和对方交谈，要把名片郑重其事地放在桌面重要的地方，或仔细地收在包里，对名片的尊重也是对对方的尊重。

介绍礼仪。介绍的原则是先将级别低的介绍给级别高的，将年轻的介绍给年长的，将未婚的介绍给已婚的，将男性介绍给女性，将本国的介绍给外国的。介绍之后，最好让他们坐在一处，并给他们留出初次见面需要交谈的时间。

握手礼仪。握手时要稍稍用力，表示你的热情和诚意；握手时间不宜过长，几秒钟即可。作为女士应主动与对方握手，握手时不要戴手套，嘴里不要含有食物，眼睛不要斜视其他方向。如果你的手弄脏了或手汗很多，就轻易不要伸手跟人握手。

2

谈话时的基本礼仪

办公场所，很多事情需要交谈来完成。而谈话本身有着非常重要的作用，所谓“一言可兴邦，一言可废国”，在对的地方向对的人说了对的话，事情都可以顺利进行。反之，则可做的事也变成了不可做的事。谈话对每个人都非常重要，对每个职场人士更为重要。因此，抛开谈话的诸多技巧不论，谈话时应该遵循的基本礼仪，也是非常重要的。职场女性，要想在职场中得到上司的认可、同事的好感、事业的顺利，就一定不能忽略谈话时遵循的基本礼仪。

上司叫你到办公室谈话，你最好先听上司说什么。如果是赞美之词，你不要沾沾自喜，更不要喋喋不休地夸赞自己；如果是批评之词，不存在误会的情况下，不要当面当时反驳，上司正在气头上，反驳会让他更生气。

不管是上司还是同事，人家跟你讲任何事，你都要先认真倾听，不要随意打断别人正在说的话，尤其是不能打断人家讲的故事，而那个故事也许你早就听过。

对于不赞同的事情，等别人说完他的理由之后，你再陈述自己的意见；如果对方打断你的话，你要等对方说完之后再继续；不要和对方同时自说自话，那会是很尴尬的场景。

不要轻易给别人下命令，尽量少用祈使句，就算是自己认为对的事情，也要用商量的语气告诉对方。"你看这样行吗？""咱们这么做可以吧？"一样是告知对方某事该怎么做，这样的语气更容易让人接受。

跟人交谈时，眼睛要时不时地看看对方的双眼，但不要盯着看，看着鼻梁最好；也不要在对方讲话的时候，眼睛看向其他地方，心不在焉的样子；更不要在对方和你交谈的时候，你自顾自地发短信。

要对别人谈论的事情表示出兴趣，要对别人特别在意的话题给予肯定。"是，您说得对！""我和您有同感。"这些表示赞同的话，会赢得对方的信任。

如果是闲聊，要多听对方说，要多说对方感兴趣的事物；不要说自己感兴趣，而别人不关心的事情，那对你们的相交完全无意义。

3
与上司相处的礼仪

上司有时候就是你的老板，有时候是管辖你业务范围的主管，在你的职场生涯中，你和上司的相处直接关系着你的业务考评、奖金派发、业绩评定。相处得好，一切都好；相处得不好，很多优点也会被忽略。由此可见，你在上司眼中的形象可谓是非常重要，利害相关，你还是小心为妙。尤其是相处时的礼仪问题，虽然貌似微小，却暗藏大的机关，以下细节希望能为你抛砖引玉。

见到上司时，应该趋前主动打招呼。如果距离较远，不方便呼叫，也应注目而向，点头示意。近距离相处则应该用简短而礼貌的用语问好。口含食物不要打招呼，戴口罩不要打招呼。

在公共场合遇到上司，不要表现出特别的热情和关照，礼貌地道声“您好”，并说一句“有事儿您叫我”就可以了。不要不顾上司是否有事，问寒问暖、东拉西扯个没完没了。如果有公事，除非特别紧急，也应该在办公室汇报。

无论是在公司还是在其他场所，只要上司在场，离开的时候一定要和上司打个招呼。“对不起，我先走一步。”“没事的话，我先走了。”这些客套话正显出你对上司的尊重。

如果你和你的上司在私底下是很要好的朋友或者是亲戚，在工作场合说话办事时都要按照上下级的礼仪来对待，要把上司当上司看，保持上司的权威感。绝不要和其他员工谈论你所知的上司的私事，也不要当着其他人的面儿，和你的亲戚上司勾肩搭背。

从坐着的上司身边尤其是前面经过时，要稍稍弯腰，说声“对不起”“不好意思”等表示歉意的话再通过，再经过时仍然要重复以上礼貌用语。

不论在什么场合，入座时要请上司先坐；如果是你先坐下，上司才来，要站起来等上司坐下你再重新入座；如果没有座位，要主动把自己的座位让给上司坐。

除非是你的结婚典礼，其他任何宴席，你都要等上司举杯后再举杯，喝酒时要喝一小口，不要不说话拿起酒杯一饮而尽。如果有必要，尽量在席间向上司敬酒。

4 拜访客户的礼仪

因为业务关系，要时常或偶尔去拜访客户，一定要遵循基本的礼仪。否则，不但会让自己的个人形象大打折扣，对于公司的形象也有害无益。一个在别人眼中没有礼仪规范的业务员或职业人士，不会给人留下可以良好合作的好印象，对公司不利，对你个人也不利。以下一些拜访客户的基本礼仪，可以帮助你获得客户好评。

拜访客户应该选择适当的时间，要事先和对方约定时间，在别人方便的时间约见。如果有事不能赴约，路上耽搁可能会迟到，应该提前打电话通知对方，或另行安排下次约见的时间。

到达拜访地点后，要轻敲对方办公室的门，得到允许后，再进入办公室。如果发现对方的办公室有别人在场，看情况而定，如果觉察对方很不方便，可推辞上洗手间或其他地方，等待对方约见的电话。

如果客户因故没有马上接待，要安静地等候；如果等待时间太长，可打电话询问，不要语带不耐烦的情绪。对方有事，要另行约定再次约见的时间。

几句寒暄之后，就直入正题，不要顾左右而言他，扯些和工作没有关系的事情。要珍惜对方的时间，谈完之后，应立即起身告辞，临走时要和对方握手告别，并请对方留步。

拜访客户时，尽量穿正式的服装。妆容不要太浓，也不要素面朝天，这是对对方的尊重。如果对方个子较矮，不要穿高跟鞋；如果对方较胖，不要穿很显身材的服装。

与客户意见相左时，要以理服人，娓娓道来，不要打断对方的辩论，不要和对方由讨论变成争论，甚至争吵。

你入座后，对方可能会帮你倒一杯水，要站起来双手接杯，并表示感谢。不管是否口渴，谈话的空隙间，都要喝上一两口对方倒的水。

对方在接待你时，表现出很热情很礼貌的样子，并且在入座、用餐时帮助你，这时，你要对别人的帮助表示感谢。

要注意接待者的举止表情，如果发现对方有不耐烦或为难的表现时，可以视需要转换话题，尽量创造愉快的谈话气氛。

5
接待客人的礼仪

在工作中，总要有和客户打交道的时候，迎来送往，是社会交往接待活动中最基本的形式和重要环节，是表达主人情谊、体现礼貌素养的重要方面；也是一个职场人士在办公环境中，不可避免的应尽事宜；接待客户，是给客人留下良好第一印象的最重要工作，是达成交易的关键环节，如果能给对方留下好的第一印象，就为下一步深入接触打下了基础，也对你开展业务都有帮助。以下一些基本的注意事项，可帮助你在接待客户时表现出最起码的礼仪风貌。

接到客人后，应首先问候"一路辛苦了""欢迎您来我们公司"等等。然后尽快陪客户到合适的谈话地点，给客户倒茶，热情地和客户交谈，不要让客户因为不熟悉环境而觉得拘谨。

如果客人来找别人，而当事人却不在办公室，应该礼貌地请客人坐下，并主动打电话问询当事人是否能及时回来。如果不能，请客人直接和当事人再次约见。

引导客人在公司走动时，要按照客人的步调行走，并提前用手示意客人走对的方向；走楼梯时，上下楼都是客人在比较靠上的位置；乘电梯时，应主动帮客人按电梯开关钮。

如果你比客人的身份高，和客人交谈前，双方最好就坐在平等的位置上，比如会议室或办公室的沙发区，不要在座次上显得自己高人一等。

如果你和客人的身份平等，或你的身份低于客人，你要先请客人坐下，看到客人坐下后，才能行点头礼后离开。如客人错坐下座，应请客人改坐上座（一般靠近门的一方为下座）。

如果双方还不熟识，入座后，要主动向对方作自我介绍，包括姓名、在公司的职务、可以负责的业务范围。如果有名片，可送予对方。

交谈中如果有其他人来访，可请其他人先等候片刻；如果是同事或领导有事找你，可视需要给大家做相互介绍。

客人要走时，要主动和客人握手告别，并欢迎客人下次再来。提醒客人不要落下东西，请客人先出门，并送客人到楼梯口，再次和客人握手告别。

6

馈赠礼品的礼仪

人在职场的过程，不仅是处理各种业务问题的过程，同时也是和老板、上司、同事、下属以及形形色色的客户打交道的过程。为了维持良好的关系，为了增进彼此的沟通，为了争取利益方面的得失，为了让自己在职场上顺利通行，不只是要在个人修养的方面做得无可挑剔，还要通过馈赠礼物来赢得好感，获得商机。这是一个物质充裕的世界，每个人对物质都有着永不满足的欲望。如何在物质上令对方满意，如何挑选时宜的礼品，也成了职场上迎来送往时令人头疼的事情。以下提示，可帮助你不但送了礼，还让对方领了情。

送礼时，必须考虑接受礼物人的职位、年龄、性别等，如果是给同事或下属送礼，送出礼物的价格一定不要太昂贵，你还要考虑对方回赠时的经济负担能力。

送礼时要有由头，比方说传统节日，如圣诞节、感恩节，对方生日，公司合作成功之初，不要在特殊节日（比如情人节或鬼节）送东西给不相关的人。

选择的礼物，你自己要喜欢，你自己都不喜欢，别人怎么会喜欢呢？但也要考虑对方的喜好，对方不喜欢，送礼也白搭。可通过平常的聊天或侧面打听，探听对方对礼物的期望。

为避免几年选同样的礼物给同一个人的尴尬情况发生，最好每年送礼时做一下记录为好。

不要转赠其他人送给你的礼物；不要把赠品送给别人；不要在过节时送狂甩的礼品；不要送可能给对方造成伤害的礼物；不要送对方收下却毫无用处的礼物；不要送对方已经有的礼物。

不要直接去问对方喜欢什么礼物，这会让对方觉得尴尬，不好意思告诉你真正需要的东西；另一方面可能他的要求可能会超出你的预算，那你就有苦难言了。

送给同事或客户家里孩子的礼物不要贵过他父母送他的礼物，这自然会引起他父母的不快，同时也会令两份礼物失去意义。

谨记除去价钱牌及商店的袋装，无论礼物本身是如何名贵，最好用包装纸包装，有时细微的地方更能显出送礼人的心意。

7

办公室进餐的礼仪

一个人的细节可以反映他/她的个人品德，进餐时表现出来的行为举止，更是很多人用来评判一个人个人修养的细节中的重头戏。现代职业女性，可不能因为在进餐的问题上有所忽略，大大咧咧或者满不在乎，这样会给别人留下不好的印象。办公室还是公共场所，在这种特殊的场合进餐，更要多加留心，不要给人留下话柄。一般来说，在办公室就餐应该遵循以下礼仪。

在办公室进餐，一般是叫快餐店送餐，应先准备好零钱，和送外卖的店员迅速交接，不要因为任何原因对店员进行呵斥，店员做得不对的地方点到为止。如果饭菜质量有问题，可打快餐店电话询问，或另找别的店家。

如果公司集体开午间会议需要订餐，在询问吃什么时，要迅速回答，不要挑三拣四，更不要抱怨所定的饭菜难吃无比，不想吃，自己悄悄扔到外面的垃圾桶。抱怨饭菜不好，会给参会的领导和订饭的同事留下不好的印象。

不要把有强烈味道的食品带到办公室，就算你喜欢，但是总有别人不习惯，公共场所就是要照顾到其他人的情绪。再说，气味弥漫在办公室里久久不散，如果有客来访，也对公司形象大大不利。

吃饭时要尽量闭口咀嚼，这样可以降低咀嚼的声音；不要发出喝汤时呼噜呼噜的声音，轻喝慢咽。如果有饭菜或汤水溅到桌面上，应尽快用卫生纸擦掉；饭菜或汤水溅到地面上，也应该立即捡起来扔掉，并把地面擦拭干净。用餐时，垫张看过的报纸，更容易清洁。

吃饭时间不要拖延太长，这会妨碍别人休息或工作，如果大家等着你吃完再进行会议则更不应该了。办公室是讲究效率的地方，吃饭也要讲究效率，这才是职场人士应该有的良好习惯。

用餐后，一次性餐具要尽快扔掉，不要长时间摆在桌子或茶几上，更不要扔到办公室的公共垃圾桶里就算了事，这种做法和剩饭的气味都会让办公室的同事倒胃口。如果临时有事，耽搁在别的办公室或外面，打电话请临近的同事帮你处理。

8

洗手间的使用礼仪

洗手间是我们每天都要“光顾”的地方，虽说这种地方很私密，但是在办公楼里，却是半私密半公开的公共场所。我们使用时，必须遵循一定的规则，还要注意不要在细节方面有损我们的美好形象。其实，洗手间也是最能反应一个人修养的地方。下面几个方面，你一定要牢记心上，别让自己在暗处栽了跟头。

很多办公楼里的洗手间都有洗手台，还挂有大镜子。女士们不仅用来洗手，还会刷牙、化妆、打理头发。如果发现有其他人需要用洗手台时，使用时间较长的你应该先让开位置，让人家使用，长久占用公共设施，会引起别人的不满。

卫生间人多的时候，就需要排队，一般是在入口的地方，按先来后到的顺序排成一排，再依次上空位；不要为了抢那么一两分钟插队，或者请已经在上卫生间的同事帮你占位。

不要浪费免费供应的卫生纸，更不要将这些纸装到自己的口袋里；取纸时用一只手顺着纸盒锯齿切扯卫生纸，不要用一只手捏着，另一只手撕扯；用完纸后扔到指定的废纸篓里，不要丢在马桶里，更不要丢在地面上。

用完便池，一定要记得冲水。很多地方的冲水设施不是用脚踩的，就算这样，也不要抬脚踩压用手操作的冲水设施，为了干净起见，可以垫块卫生纸。

使用便池时，要站在适当的位置，不要造成污染便池之外空地的后果。如果不小心弄到外面，要用卫生纸或清扫工具清理，给别人留下污浊的残局，会引来一片骂声。

不要在卫生间里打电话，尤其不要坐在坐便器上长久打电话，更不要坐在坐便器上长久地打亲密电话，不但会占用别人上厕所的空位，公共场所打电话的嗲嗲之声也会引人反感。

不知道便池是否有人使用，就要轻敲便池门，问一句“有人吗？”不要贸然打开关着的便池门，以免引起尴尬；如果别人不小心打开你正在方便的便池门，不要生气地“啪”的一声关门，不要对别人无意的行为进行惩罚。

不要在卫生间谈论别人的事。

第三章
职场素养

1

对公司要忠诚

对公司忠诚，是一个职场人士最起码的职业操守。忠诚的核心是一种认真负责的态度。忠诚是企业生存和发展的精神支柱，是企业得以信赖员工的支撑力量，是企业的生存之本。只有忠诚于公司和领导的员工，才无愧于企业带给你的工作场所、工作体验和薪酬待遇。只有对公司和领导忠诚的员工，才能得到别人的敬重，在这个缺乏忠诚的年代，你所表现出来的忠诚会越显得弥足珍贵。忠诚是市场竞争中的基本道德原则，如果一个人对自己的职业信念不认真负责，不注重自己能力经验的积累，而只是得过且过或是知难而退，那就等于违背了忠诚原则。不忠诚的行为不但会给公司造成损失，更重要的是会给个人带来极坏的影响。公司遭受损失的或许可以弥补，但是个人损毁的声誉却很难修复。

要忠诚于你所属的企业。心中始终装着企业，把公司的兴衰成败和自己的发展联系在一起，关心企业的长足发展，真心实意地愿意为公司的兴旺发达贡献自己的一份力量。

维护公司的信誉。公司的信誉如果受到危害，公司的收益肯定会受到影响，老板和员工的收益也一定会被牵连。因此，作为企业员工，应该自觉维护公司信誉。一个企业一旦在消费者心中建立了良好的信誉，伴随着的是巨大的经济效益和社会效益；反之则有害无益。

保守公司的秘密。公司的秘密关系着公司某个项目的推进和发展，如果不小心泄露了公司的商业机密，可能会造成巨大的经济损失。因此，作为职场人士，一定要注意保守公司的秘密，不在任何场合以任何方式透露公司的秘密。

维护公司的利益。工作时间不处理私事，这是职场的基本规则；不以个人谋利为目的，侵占公司的公共财产，这是职场人生的基本道德；维护公司的利益，防范有损公司权益的行为。

尽职尽责为公司服务。对于公司分派的任务，要不遗余力地奉献自己的聪明才智，不能应付了事。

2

热衷于你的工作

任何一家公司都需要一些具备敬业精神和强烈责任心的员工，一个热衷于工作的员工，才能得到老板的信任和倚重。一个只想拿一份薪水养家糊口的员工，迟早会成为老板炒鱿鱼的对象。因为热衷于工作，是一个职场人士最重要的职业操守；不热爱工作，又怎么称得上是职场人士呢？最多算是一个到办公室来混日子的浪荡子，但是现代社会处处充满竞争，哪里能容得下一个混日子的人呢？因此，既然身在职场，就要具备最基本的职业操守，做一个爱岗敬业的人。热衷于工作表现为以下几个方面。

率先主动的工作。要积极主动地去寻找目标和任务，不要被动地去等待指令、适应命令。除了做好分内的工作，最好还要做一点分外的工作。分内工作只是说明你尽职尽责，分外工作才说明你爱岗敬业，甘于为公司的发展做出贡献。

对工作要有使命感。对工作有使命感，才会把工作当做一项神圣的天职，并怀着浓厚的兴趣和强烈的责任心去努力把工作做好。对工作越有使命感，投入的热情也就越多，工作效率就会越高，成功的概率就越大。

克服惰性，勤奋努力。每个人身上都有不同程度的惰性，每天要工作 8 小时，自然会觉得厌烦和疲倦。但是，身在职场面对工作任务，只能克服自己的惰性，勤奋努力，设法保质保量、尽快完成任务。

提前上班，延迟下班。热爱工作的一个表现是提前上班，延迟下班，虽然这有做表面工作的嫌疑，但是老板正是从这些小细节上来确定一个职员是否珍惜眼前的工作。每天早来 5 分钟，下班晚走 5 分钟，多做 10 分钟的事，对你在公司的发展大有裨益。

超越领导的期望。准时完成领导交付的各项任务，如果有能力，最好提前完成工作；自主地开展工作，并适时向领导汇报你的工作进展；服从领导的指挥，对领导的带头作用表示感激。这种对领导运作公司活动的支持，对领导带头作用的尊重，是一个职业人士应当具备的职业素养。

3
具备积极的团队精神

渊博的学识和过硬的专业技能是你在职场立身处世的首要条件。但是，新时代更需要具备团队精神的职业人士，则更会受到同事和老板的欢迎。因为要把一个概念转变为成果，要把一个项目尽快完成，离不开与他人的合作。任何人，无论是古代的英雄豪杰，还是现代的科学先驱，尤其是当代的职业人士，没有和别人的良好合作，没有积极的团队精神，很多业绩和成果都会成为空谈。因此，老板来评价一个员工，职场来考察一个员工，往往要把他与别人相处是否融洽来作为参照标准。以下几条准则，是你在团队精神方面可以获得好评的依据。

准则一：让别人感到重要。这是与人相处的关键。不管是老板、上司还是同事和下属，只有当他觉得你需要他、他很重要时，他才会更加认同你。

准则二：让别人觉得你在意他。记住人家的名字，喜欢听他讲道理或故事，清楚他个人行为的偏好，明白并迁就他办事的风格，这些细节之处都会让别人觉得你在意他。

准则三：要真正宽容别人。没有人会不犯错，包括上司，包括下属，对待做错事的人要抱有真正的宽容之心，得饶人处且饶人。你给别人台阶下，别人会为你铺路搭桥。

准则四：表现人性的一面。你是人，是人就不会完美。做错了事要勇于承认错误，要勇于批评自己，要勇于向他人道歉。自嘲可以避免别人嘲笑你，而诚挚的歉意会让别人尊重你。

准则五：切忌猜疑。不要在没有看到事实的前提下，通过某些逻辑顺序来推理别人的反应和行为，猜疑别人比当面指责别人更让人无法容忍。

准则六：避免金钱往来。同事之间，难免要金钱交涉，AA制是最好的办法。尽量别和同事在金钱上往来，你占人便宜或别人占你便宜，都会把和谐的同事关系搞僵。

准则七：积极帮助别人。帮助别人的同时，其实也是在为自己获得帮助提供一个平台，不要等自己需要帮助的时候，才去求助别人，你应该事先存储求助资源。

4
做出完善的工作报告

下级向上级汇报工作、反映情况、答复询问时写的文书，或有关部门和领导机构按法定程序和工作需要向特定会议所做的报告，统称工作报告。你可以通过一份完善的工作报告，汇报自己的工作业绩，和老板进行有效的沟通，工作报告不仅是向老板表明你干了多少工作，也是你提意见和表明你对项目或者事情看法的好机会。工作报告除了有给老板的，也有给客人或者合作伙伴的。总之，一份完善的工作报告对你来说极其重要，你必须掌握写好工作报告的以下要领。

工作报告内容的真实性：写工作报告之前，你必须充分地了解你所汇报或者总结的工作的前因后果和整个内容。如果不了解，就要先做好调查或者向同事了解，老板或者客人最烦的就是有错误的数据存在里面，这样会引导他们有一个错误的总结。作一个错误的判断，最后影响了整个项目的进展。

工作报告不夹杂个人观点：大多数情况下，工作报告尽量陈述一个事实，不要夹杂个人观点。如果有自己的想法，应作为附件附着在工作报告之后。

简单明了是工作报告的原则：最简单的办法是在每一段开头先写上总结性的话或者标题，段落明确，观点清晰，这样能让阅读者在五秒内知道您整个报告的中心思想。无论是老板或者客人，都不会很有耐心像读言情小说一样读你的工作报告，他们更关心的是结果。

有解决问题的办法：一份优秀的工作报告除了有主题，有内容，一定有解决问题的办法。如果你只告诉老板前面有一个大坑，但不告诉他解决这个大坑的办法，那就是你的问题了。有解决的办法，还要有预算，老板只需要说行和不行，不要把“怎么办”这样的问题留给老板。

有必要的抄送：如果你是一个项目经理，当你在向老板汇报项目进展的时候，最好抄送给项目组相关人员一份。这样，大家会对你对项目的认识有一个认同感，如果描述有出入，也会第一时间通知你，这样你也有准备面对老板的问话。

5 最受欢迎的“老板态度”

每个人都希望对方能站到自己的角度考虑问题，和你想要老板站在员工的角度一样，老板也需要你站到他的角度来面对公司。公司的成败谁最关心？老板！公司的发展谁最上心？老板！老板恨不得每一个员工都像他一样，不管是工作之内还是工作之外，都把尽可能多的心思都用到工作上。我们不可能完全像老板那样把工作带到生活中来，但是一旦你身在公司，就应该以老板的态度来对待工作，这样首先你会得到老板的信赖和赏识；其次，一份对工作尽职尽责的热情，一定会给你带来不菲的回报，那可能是高额的薪水，也可能是诱人的职位，还可能是宝贵的职业资历。

不要成为打卡一族，那种上班就熬时间，下班就喊万岁的人，既不能从工作中体会到快乐，也不适合在现代职场里生存。老板都是明眼人，混日子和做事业的人，在他心里分得清清楚楚。

培养并保持高昂的工作士气，像老板一样认真对待每一项工作任务，这不但是一个充满活力、充满干劲的职场人士的魅力表现，也是你在征战职场、取得胜利的法宝。

如果为公司“贡献了额外的时间和精力”，不要急着向领导要求相应的奖励。当老板意识到你已经物超所值时，他比你还要担心你会离开这家公司，薪水和职位是他留住“多劳动者”的筹码。

J. C. 彭尼说：“为我工作的人都得具备成为合伙人的能力，要是没有这样的潜力，我宁可不要。”就算你不是老板，不妨以老板的合伙人对待自己的工作，为所属的部门规划远景，急公司之所急，想公司之所想，不只为了赢得老板的垂爱，就算过把当家做主的瘾，这对你的职业生涯有益无害。

带着老板的心态去工作，可以让自己有更大的发挥空间，在掌握和实践机会的同时，不但能为公司创造效益，还能培养自己企业家的精神。

记得是老板的心态，而不是老板的身份。如果在公司中身处高职，别忘了你既不是老板，也不是老板娘，任何以职压人的做法，都会引起上下级的反感。

6

要了解的基本职场规则

你很聪明也很能干，对于担负的工作也是得心应手，毫不费力。甚至你有不错的创意，有效的方法，可是为什么老板就是不采纳你的建议，别人也对你视若无睹呢？这很有可能是因为你不了解某些职场规则，给别人留下了不好的印象，使得人家认为你不值得信任，不值得尊重。国有国法，家有家规，职场有职场的规则。职业女性必须了解最基本的职场规则，这样才不会干活卖力却不讨好，甚至任人宰割，被人落井下石。

一定要提前抵达公司。虽然你的公司可能不用打卡，老板对员工的晚来早走没有特别声明，但是他一定喜欢那些早到的员工；你的同事虽然对你的经常迟到不说什么，但是人家正暗自窃喜，打心眼里会认为像你这样对工作不重视的人没什么竞争力。

别拒绝分外的工作。老板交代给你一份分外的工作，你要认真对待，有时候多余的工作正是你可以表现自己对公司忠诚的机会。

老板永远不喜欢做事拖延的人，所以一旦拿到分配的任务，就立即动手，哪怕手头的事情还没完，也要分出一小部分时间来开始新的任务。这样在领导询问的时候，不会因为对新任务完全不了解而支支吾吾，引起领导的反感。

别抢你上司的功劳。上司也需要向老板表现，如果你抢了他的功劳，而这种做法并不能帮助你直接成为上司的上司的话，你还是要委曲求全，待到合适的机会再向老板说明你做过的努力。

别抢同事的功劳。职场也是一个处处充满竞争的沙场，一旦触犯了别人的利益，别人就会毫不客气地予以回击，有的人甚至不惜手段。因此，千万不要明目张胆地抢夺同事的功劳，否则你会有体会到什么叫暗箭难防。

下班铃一响，就背起包闪人，或者不顾左右地在电脑上聊天、打游戏，这都是不适当的做法。下班后，“因为工作耽误几分钟”，往往给人更好的印象。

7 女性更要有敬业精神

为什么很多单位不愿意招聘女职员，尤其是育龄期的女性。这不单是因为育龄期女性在怀孕和生产期间要耽误一定的工作，更多的原因是因为女性一旦有了家庭，特别是有了孩子以后，就会把大部分的精力放在家庭和孩子身上，而对待工作更多的是应付了事，被动接受，这是让绝大部分公司老板都皱眉的事情。因此，女性更要有敬业精神。这种敬业精神不只是尽职尽责地完成分内工作，还要以一种对工作精益求精的高标准来要求自己。主动承担工作，积极为公司争取更大的利益，喜爱并敬重自己所从事的职业，很容易进入工作状态，并在工作时投入全部的精力。

敬业是一种职业道德。既然选择了这份职业，就要认真对待，要对所从事的职业怀着一份热爱、珍重和敬重，并乐于从付出和奉献中体验一种荣誉感和成就感；要忠于职守，要把完成工作当做个人对社会应尽的责任。

敬业是一种职业意识。敬业精神应该是每个职场女性应该具备的积极向上的人生态度，只有拥有这样的积极心态，你才能对自己的职业水准有更高的要求。在职业生涯发展的道路上，你的态度决定你的高度。

敬业是一种职业能力。所谓能力，是制约我们职业生涯发展的主观因素。而是否敬业，一定会在职业发展中起到关键作用。所以敬业也是一种职业能力，没有敬业精神，不只是职业道德的问题，也是能力的问题。

敬业是一种催化剂。敬业精神会驱使我们主动承担更多责任，会驱动我们努力工作的激情，也会带动我们从工作中感受劳动的乐趣和满足，在敬业精神的催化下，我们一定能做好自己的工作，赢得老板的赏识，同事的尊重。

敬业是快乐工作的润滑剂。工作好比我们的人生伴侣，无论你喜欢不喜欢，都会伴随你的一生，是和“它”苦熬日子，还是和“它”共度快乐人生，就要看你用什么样的方式和“它”相处。积极的敬业精神会让你热爱工作，热衷于与“工作”相伴。

8

适当的职场装束

女性的衣服可谓五花八门、五彩纷呈，但其用途也是大有不同。职场女性应该意识到这一点，到什么场合，就应该穿什么衣服。办公室是比较严肃的地方，这里没有浪漫，只有严谨；没有温情，只有竞争；没有休闲，只有忙碌；我们的穿着也一定要和这个氛围相匹配。否则，就算是你整日埋头苦干，你的着装如果和周遭的氛围不协调，苦干也不会得到人们的好评。合适的着装，不但能给别人留下美好的第一印象，对于自己的工作也是一种促进和鼓励。我们不妨从以下几个原则来规范自己的装束。

素色为根本。年年流行新服饰、新颜色，但是上班着装不会随着流行趋势有大的改变。灰色、米白色、黑色、浅蓝色是和办公环境协调的颜色，让人觉得你尊重工作、热爱工作。

舒适为原则。在办公室是要工作的，所以穿着舒适很重要。如果裙子太短、上衣太紧、鞋跟太高，不但会影响自己的舒适度，也会给人造成疲惫的感觉。

剪裁要得体。办公室的着装讲究正式性，如果裙子太短或太长，裤子太紧或太松，都会给人一种过分随意的感觉。职场女性应该避免给人产生这种不成熟、不敬业的表现。

妆容要素净。浓妆艳抹要不得，那会让人指指点点；素面朝天也要不得，那会让人不尊重。几分钟就能搞定的淡妆最适合在办公室忙碌的女性。

头发要规矩。为了追求时尚，把头发剪得很时髦，染得很怪异，这都会影响你在办公室的形象指数。一次性烫发和临时染发可以帮助你在休闲的时间放松自己，在办公室头发还是规矩一点好。

指甲要干净。黑色指甲、红色指甲、雕花指甲，这是美甲屋为女性提供的服务，可是在办公室这些所谓的“美”只会损害大家对你的欣赏度，因为办公室不需要这样的“美”。

鞋跟不出声。很多女性的高跟鞋走起路来噔噔作响，这对于男性同事来说简直就是一种折磨，因为他们不喜欢自己的思路被这高昂的声响打断，而公司的上层通常是以男性为主。

第四章
从业能力

1
你该具备的学习能力

学习能力，是一个人学习态度、学习能力和终身学习之总和。这也是动态衡量人才质量高低的真正尺度。“一次性学习时代”已告终结，学历教育已被终身学习所取代；当代社会科技发展日新月异，知识总量的翻番周期越来越短；企业的竞争，人与人之间的竞争，说到底是智慧的竞争。在这样的前提下，一个人的学习能力就显得尤为重要。一个没有学习能力的人，跟不上时代的要求，跟不上知识的更新，更跟不上竞争的节奏，“未来属于那些热爱生活、乐于创造和通过向他人学习来增强自己聪明才智的人。”只有具备学习能力的人，才能在职场立足，才能会事业辉煌。以下提供的是七种终生学习的实践方法。

自觉学习：认识到学习对自己的重要性，认真检查自己需要补充的知识信息有哪些，盲点是什么，有哪些瓶颈需要突破，这是自我激进的关键途径。

流通学习：摒弃自己关起门来做学问的思想，积极与别人多交流，多沟通，多探讨，学习别人的长处，弥补自己的不足；与人分享越多，自己将会拥有越多。

快乐学习：学习是可以充实自己、提升自己的最佳途径，你应该热衷于通过学习带给自己的成果；终身学习就要快乐学习，开放心胸并建立正确的思维模式，透过学习让自己完成心理准备，应对各种挑战及挫折。

改造学习：自我改造，通过学习向创造价值和降低成本努力，这种改造的效果往往是巨大的。

终身学习：认识到学习是一项长期的任务，不学习必然会落后于时代，不学习必然会落后于同辈和晚辈。终身学习不再是学者的专利，社会的发展，人类的进步，要求我们终身学习。

自主学习：对自己的学习任务有一个基本的计划和安排，对实际学习效果要进行自我监督和评价，对没有效果的学习活动要进行及时调整和修正。

结合学习：结合你的实际工作学习，增加工作中需要用到的信息，提升工作中需要的专业技能，充实与工作相关联的各方面知识。

2

你该具备的交际能力

世界著名人际关系专家戴尔·卡耐基说:“一个人的成功，只有15%是由于他的专业技术，而85%则要靠人际关系和他的处事能力。”本杰明·富兰克林认为，成功的第一要素是如何搞好人际关系。一个人在社会上行走，要想达到无往不胜，首先要处理好人际关系。能够处理好人际关系，就要具备一定的交际能力，这也是当今职场人士必须具备的能力之一。交际能力是人们应付各种日常社会活动的语言能力。在企业里，你的大多数工作需要与人打交道，交际能力高低，必然会影响到你的工作质量。如果你正好在公关、营销等岗位上，那企业对你的交际能力的要求就会更为严格。那么你该具备什么样的交际能力呢?

打造好人缘。有好人缘的人，总会受到别人的欢迎和信任。稳重的言行举止、优雅的着装打扮、面带微笑，信守承诺，热心于帮助别人，能够倾听别人的诉说，宽容别人，善解人意，这些都是你打造好人缘该做的事。

善于与人合作。与人合作并不是简单的共同完成一件事情，而是在一起执行任务时，让彼此感到对对方的需要。让对方感到需要你和你需要对方是一样重要的，那种没有谁事情都可以做好的想法会破坏彼此的关系。

和优秀的人在一起。古语说："近朱者赤，近墨者黑。"一个人只有在和优秀的人在一起时，自己才会有意识地提升自己，让自己也具备优秀者身上所具备的能力和素养。所以，你一定要设法和优秀的人在一起，并且注意他们身上的优点。

广播人情的种子。没有人穷到不能帮助别人，没有人富得不需要别人帮助。在别人需要你的帮助时，请及时伸出援助之手，现在广播人情的种子，以后的收益不会"亏损"，这和往银行里存储钞票是一样的道理。

寻找生命中的"贵人"。一个人的能量有限，我们常常需要生命中的贵人，为我们指点迷津、开拓思路、挖掘才能、扩展发展空间，要有意识地去寻找生命中的贵人，他或许能帮助你在职场中获得美好前途。

3
你该具备的创造能力

创新是一个员工的立身之本，只有具备创造力的员工，其工作能力才能达到质的飞跃。当今时代，不缺少埋头苦干的人，但是缺少具备创造能力的人。因此，凡具备创造能力的人，都是诸多企业求贤若渴的对象。创造能力是知识、智力、能力及优良的个性品质等复杂多因素综合优化构成的。创造能力是指产生新思想，发现和创造新事物的能力。它是成功地完成某种创造性活动所必需的心理品质。一个人是否具有创造力，是一流人才和三流人才的分水岭。你不想成为一流人才吗?

处于放松状态。用点时间，做令自己感到愉快的、能够带来欢乐的、你热爱的或能够使自己全身投入的事情。比如沉思、散步、游泳、阅读令人心情愉快的文字，或者记日记——写下你的想法。

专注于此刻。通过对你此刻做的任何事情，倾注全部的注意力来尝试练习仅把全部意识集中在当前时刻的能力。沉思可以起到很大的帮助。

得到灵感。试着去想象打动你的美好事物。翻阅含有能够激发人思维的图片的书籍，参观美术馆，读启发人灵感的文字，与能够使你冷静的人交谈。

寻找替代方案。试着问自己，如何以不同的方式完成同一件事情。当你看到了一个问题的解决方案之后，再问一问自己："有什么其他方式做这件事呢？"心理上建立起这样的一种态度——"总有另一种方法"，即便其他方法看起来似乎"不可行"时，也要如此。

开放的心态。不要将任何你想到的点子拒之门外，不要轻易对它们作出判决。重视每一个从你的大脑里冒出来的主意，哪怕是那些看起来"愚蠢"或"显而易见"的想法。这个方法能够催生更多有创造性的想法从你的心中浮现出来。

把思考过程落在纸上。写下思考中你的大脑里冒出的一切：随意的词语、短语、主意、想法……有时，你也许会想要把一些元素圈在一起或在它们之间画线，来将不同的主意联系在一起。在这种思维联络的过程中，灵感可能突然闪现。

4

你该具备的忍耐能力

激烈的竞争，让职场人士的心态总是不能稳定，心情浮躁，易于冲动，盲目悲观，这些也都是职场女性常常表现出来的负面行为。其实，忍耐是一个人所应该具备的智慧和能力，一个具备忍耐能力的人，才能避免职场中的潜在危机，才能在人际关系上游刃有余，才能抓住各种升迁和加薪的机会。忍耐力既是实现目标的保证，又是取得更大成就的起点。一个人最难战胜的是自己，但是如果能战胜自己，那么你做任何事情都不会再有阻碍。培养自己的忍耐力吧，只有具备这种能力，你才能在职场中左右逢源，前途无量。

找工作需要忍耐力。找工作，其实是实现一个“人岗匹配”的过程，岗位不适合你，或者你不适合岗位，都是很正常的现象。在找工作的时候，你一定要有耐心，找到相互匹配的那个岗位；如果你已经在岗位上了，也需要有忍耐力，通过一段时间的磨合，来适应岗位。

干工作需要忍耐力。工作枯燥、劳累是普遍现象，很多人忍耐不住就跳槽了，甚至转行去干自己完全陌生的工作，结果丢了专业、经验，成了一个“半吊子”。你应该坚持和忍耐，不断积累经验，不断提升绩效，有决心让自己慢慢成为公司里挑大梁的人物。

跳槽需要忍耐力。跳槽便意味着现在的工作不适合你，那么再次选择岗位的时候，一定要具备足够的耐心，因为你跳槽的次数越多，你能够牺牲的时间越少。要尽量给自己一个最为准确的定位，这样才能不偏离你的主道。

人际关系需要忍耐力。因为人际关系不好，很多人选择了跳槽，可是跳槽后发现哪里的人际关系都不好处理。其实与人相处，最需要忍耐力，要容忍周遭的人和你不一样，要具有足够的耐心建立融洽的人际关系。

提升需要忍耐力。职位的提升需要实力＋机遇，更需要自身素质的修炼，当机遇不属于自己的时候，坚持、忍耐是你应该具备的素养。继续努力，等待机会，只要你有足够的耐心，好运不会远离你。

5
你该具备的执行能力

梦幻是美丽的，但是生活在梦幻当中的人却并不美丽。尤其是在职场当中，企业不需要梦想家，只需要实践家。脚踏实地的行动者、执行者才是企业最需要的人才。摈弃那些浮躁的空想和急功近利的态度吧，培养自己的执行能力，才是在职场中赖以生存的前提。个人执行力的强弱取决于两个要素：个人能力和工作态度，能力是基础，态度是关键。所以，我们要提升个人执行力，一方面是要通过加强学习和实践锻炼来增强自身素质，而更重要的是要端正工作态度。以下提供的在工作中实践好“严、实、快、新”四字要求，一定会让你受益匪浅。

要着眼于“严”，积极进取，增强责任意识。责任心和进取心是做好一切工作的首要条件。责任心强弱，决定执行力度的大小；进取心强弱，决定执行效果的好坏。因此，要提高执行力，就必须树立起强烈的责任意识和进取精神，坚决克服不思进取、得过且过的心态。把工作标准调整到最高，精神状态调整到最佳，自我要求调整到最严，认认真真、尽心尽力、不折不扣地履行自己的职责。

要着眼于"实"。虽然岗位可能平凡，但只要埋头苦干、兢兢业业就能干出一番事业。真正静下心来，从小事做起，从点滴做起。一件一件抓落实，一项一项抓成效，干一件成一件，积小胜为大胜，养成脚踏实地、埋头苦干的良好习惯。

要着眼于"快"。强化时间观念和效率意识，形成一种"立即行动、马上就办"的工作作风。坚决克服工作懒散、办事拖拉的恶习。做任何事都要有效地进行时间管理，时刻把握工作进度，做到争分夺秒，赶前不赶后，养成雷厉风行、干净利落的良好习惯。

要着眼于"新"。面对竞争日益激烈、变化日趋迅猛的今天，创新和应变能力已成为推进发展的核心要素。要敢于突破思维定势和传统经验的束缚，不断寻求新的思路和方法，使执行的力度更大、速度更快、效果更好。养成勤于学习、善于思考的良好习惯。

6

你该具备的思考能力

平庸的人往往不是不会动手，而是不会动脑；相反，那些有所成就的人，往往勤于思考，善于发现问题，能够高效率地解决问题。职场的竞争，说到底不是体力劳动的竞争，而是脑力劳动的竞争，企业不缺乏卖体力活儿的劳力，企业缺乏的是具备思考能力的人才。一个人的成功更不是通过体力劳动来达到的，就算是体力劳动，也是在赋予了常人没有的智慧的前提下完成的。思考能力，对于企业的需要，对于个人的发展非常重要，一个新时代的职业女性，必须具备更强的思考能力。提升思考力的过程并不难，只要你有所进步，你就会发现提升思考力原来可以是一件简单、轻松而又快乐的事情。那么，如何提高思考能力呢？以下方法可带你进入一个思考力的神秘世界。

通过有效途径学习思维方法。比如，深入研究一本或几本有关思维方法的好书；适时做思维方法总结。理论不精通，也就不可能成为高手。有些思维方法自己弄不清楚，可向思维专家请教。经常抽出一些时间学习思维方法，比如每天10分钟，以不断巩固和提高思维能力。

多实践，并适当磨炼思考力。世界上最有智慧的人属于实践丰富的人。多一些实践，就多一些感悟，对提高思考力有利。如果缺乏针对思考力的磨炼，也难以形成过硬的思考力。就如一个没有经过专门磨炼的运动员，不可能成为出色的运动员。

培养良好的思考习惯。有了好的习惯，碰到问题不用多想，自然而然地按好的方法来解决问题。没有好的习惯，碰到问题容易手忙脚乱或心理不稳定，都会严重地影响思考的效果。用好的方法开始可能会不习惯，坚持的时间长了，自然会形成良好的习惯。

采用一些改善思考水平的方法。发现常见物品的新奇用处；多动手脑，少用科技；换位思考问题，别人会这么想、怎么解决你的问题？一个傻瓜怎么解决它？改变你获得信息的习惯，用纸质代替电脑，用声音代替写作。

7
你该具备的沟通能力

石油大王洛克菲勒说：“假如人际沟通能力也是同糖或咖啡一样的商品的话，我愿意付出比太阳底下任何东西都珍贵的价格购买这种能力。”由此可见沟通的重要性。当今社会，沟通能力已经成为21世纪人才竞争的重要素质之一。不管你从事什么样的工作，你是否具备卓越的沟通能力都是你的职业所要求的能力之一。因为沟通能力的强弱，不但关系着你在企业中的人际关系是否融洽，更多的时候会直接关系到你的业绩是否卓越。怎样才能提高沟通能力呢?

列出沟通情境和沟通对象清单。在哪些情境中与人沟通，比如家庭、工作单位、聚会以及日常的各种与人打交道的情境。需要与哪些人沟通，比如朋友、父母、配偶、领导、陌生人等等。

评价自己的沟通状况。对哪些情境的沟通感到愉快？对哪些情境的沟通感到有心理压力？最愿意与谁保持沟通？最不喜欢与谁沟通……客观、认真地回答上述问题，有助于了解自己在哪些情境中、与哪些人的沟通状况较为理想，在哪些情境中、与哪些人的沟通需要着力改善。

评价自己的沟通方式。主动沟通者更容易与别人建立并维持广泛的人际关系，更可能在人际交往中获得成功。沟通时保持高度的注意力，有助于了解对方的心理状态，并能够较好地根据反馈来调节自己的沟通过程。在表达自己的意图时，一定要注意使自己被人充分理解。

制订、执行沟通计划。找到自己不足的地方，制订一个循序渐进的沟通计划，然后把自己的计划付诸行动，体现在具体的生活小事中。在制订和执行计划时，要注意小步子的原则，即不要对自己提出太高的要求，以免实现不了，反而挫伤自己的积极性。小要求实现并巩固之后，再对自己提出更高的要求。

对计划进行监督。用日记、图表记载自己的发展状况，并评价与分析自己的感受。当你完成了某一个计划，你可以奖励自己，这样有助于巩固阶段性成果；如果没有完成计划，就要采取一些惩罚措施。

第五章
自我管理

1

管理自己的时间

对于白领女性来说，我们可能有一个最大的困惑就是时间不够。没有时间好好睡觉，没有时间好好娱乐，没有时间给自己充电，我们真想把一天 24 个小时变成 48 个小时，这样我们就不会这么累，也不会有那么多心愿没有实现。别做那些把 24 个小时变成 48 个小时的白日梦了，好好管理自己的时间吧，你本来可以活得比现在轻松一些的。

明白自己的时间有哪些：你能控制的，你无法控制的。睡觉、领导谈话、等电梯、工作、散步、闲聊……这些事情到底占用了你哪部分时间。除了那些你无法控制的时间，领导谈话、陪客户吃饭。有些时间你是不是用到了合适的事情上，想一想，别在无聊的事情上浪费你的时间。

你的同事已经完成了她当天的任务，她正悠闲地在 QQ 上跟你聊天，以打发剩下的上班时间。你要提醒自己，你是用自己的时间为她的娱乐提供支持，你愿意吗？如果不愿意，你说你必须尽快完成老板交代的任务，至于你拯救时间的真正目的，你自己知道就好了。

你一直想把自己的单词量从大学四级的5000个，上升到8000个，却苦于没有时间，那些零散的时间其实也是你自己的。等公交车、在公婆家里过周末、作为无聊会议的听众时，这些时间一点点利用起来，口语能力足够你和外国游客自由交流。

成年人每天睡眠7～8个小时足够了，算算自己的睡眠时间，如果超过了8个小时，试着每天早起1小时，你会发现你一天有25个小时了！

你该养成看手表的习惯。“对不起，我得走了！”“现在该是拜访客户的时间了！”在手表的刻度里，哪些是该停止的事，哪些是该开始的事，必须是固定的。拖延的后果是你后面的时间越来越少。

学会说“不”，没必要的约会，无意义的求助，你都可以说“不”，省下来的时间，可以做你自己喜欢的任何事。

你觉得自己有点无所事事，眼睛盯着电视却没有兴趣观赏，眼睛瞄着文件思维却不知道在哪里……清醒一下头脑吧，不要让自己的时间虚度。

2

留住那些浪费的时间

谁浪费了你的时间?答案是你自己。我们总有这样那样的事情要做，可是这些事情在你的生活中一点意义也没有，时间就这么被我们白白浪费;花了这么长时间才把任务完成，多用去的时间也被你浪费了;我们一天只有24小时，其实有很大一部分有效工作时间是被我们自己浪费了。这些零零碎碎浪费的时间，如果能够节省下来，集中到一个时段，我们可以用来完成一项工作，也可以用来娱乐自己，为没有意义的事务消费时间是最大的浪费。时间管理学研究者发现，以下几种情况是白领女性浪费时间最多的地方。

找东西。找文件，找衣服，找电话号码，我们在寻找中烦恼不已，同时也浪费时间。何不把不用的东西及早扔掉或归类到一个大的硬纸箱里呢?对于常用的又需要更换的物品，还是分门别类整齐收纳得好。养成东西从哪里拿出又放回哪里的好习惯，你可以节省出很多的时间。

时断时续。时断时续的干活方式会浪费很多时间，因为重新工作时，需要花一段时间来调整大脑活动和注意力，这样才能在中断的地方接着工作。

无事可做。等车、出差或到亲戚家做客，会有无事可做的大段时间。不如预先安排好这些时段该做的事情，阅读、写公务文案、打商务电话，这样既不会无聊，又不会浪费时间。

拖拖拉拉。因为工作任务的压力，而抵触投入工作中，总是处在担忧之中，以此推迟行动，又为没有完成任务而悔恨。其实这样的时间里，完全可以放松心情，一点点把进度赶上来，而不是大段大段地浪费时间。

盲目行动。对问题缺乏理解，没有安排好时间，就盲目地开始执行任务，结果因为效果不佳只能推倒重来，返工会造成大量时间的浪费。凡事要三思而后行，先想怎么做，然后再动手，效果会更好。

情绪消极。情绪不积极，总是处于消极状态，这会导致工作效率下降。应该在情绪不高的时候，先尽快进行自我心理调适，状态好的时候，更容易提高效率，节省时间。

3
提升8小时效率

每天工作8小时，却总是有这样的哀叹：“从早忙到晚，也不知道忙什么，工作一大堆，进度又很急！工作真的好累啊！时间总是不够用！”时间其实本来够用的，公司给你8小时，足够你完成当天的任务，可是你的工作效率低下，所以把8小时应该完成的任务变成了12小时甚至更长时间才能完成的任务；本来你做了很多事情，也为公司创造了不少收益，可是你的大脑记忆有限，你不知道自己做过什么，有什么贡献。这样的感觉只会让你觉得工作好累，没有成就感。何不在你使用时间的基础上，提升8小时效率呢？你的收获一定不小！

充分利用头脑清醒的时间。早晨8点半到11点和下午2点半到5点半是工作效率最高的时间，这个时间段千万不要浪费，多加一些工作任务，可以加快工作进度。如果有完不成的任务，不要拖到深夜12点，最好是早到公司一小时，利用早晨头脑清醒的时间来完成未完的任务。

随手记载工作日志。每天早晨都把要做的事情写到工作日志上，简单用词和代码不会让你觉得麻烦，这样可以帮助你清晰地安排任务；下班之前，将一天做过的工作记载到工作日志上，你所做过的工作就可以一目了然了。

中午小睡片刻。研究表明，中午的小睡可以让人迅速缓解整个上午的疲劳，还能达到睡一整个晚上的效果，让你在下午接下来的工作中头脑清醒、思维活跃。

今日事今日毕。如果不是急着赶进度，把繁重的工作任务分派到每一天的8小时中就足够了。如果任务完成之后无事可做，也不要急着把明天的所有事情都在今天做完，往前赶一小部分，这样既能提前完成工作，又不会让你有疲劳感。

不迟到，不早退。每天提早5分钟，每天晚走5分钟。既不会因为迟到匆匆忙忙，担心扣除薪水，又能给老板留下好印象。早到的时间可以用来工作前的准备，晚走的时间可以用来做工作后的总结。从容上班，满意下班，何来疲惫感呢！

4

压缩低价值时间

你能否清楚地区分出你的日程表中记录的密密麻麻的事务当中，哪些是可以给你带来高额回报的事情，哪些是低价值甚至根本没有价值的琐事吗？时间是你拥有的最为宝贵的东西，你可以用自己的时间创造财富、迎接机遇、享受悠闲，那些毫无价值的琐事，正在浪费你的时间，你何不设法营救自己生命中最为宝贵的东西呢？研究显示，白领女性最为常见的“低价值”时间浪费有以下几种，你一定要压缩低价值时间，做一个精明而高效的职场女性。

别人希望你做的事。在公司通常是老板安排的代为处理的事情无法推迟，比如说作为公司代表参加一个不重要的会议，这个会议上你既不用发言，也不会获得有用的信息，甚至不能结识新朋友。在这种低价值的时间段里，你最好让自己的大脑正在构思一个文案，或做其他的工作。

千篇一律，例行公事。很多工作其实都是千篇一律，例行公事。比如复印会议材料、分发工资单、收集工作报告，何不用群发邮件通知各个部门，让大家自行复印、领取、提交，把你一个人的时间，分散到众多人手中，何乐不为。

枯燥乏味的事。公司每周都有例会，冗长且枯燥乏味。在这样的时间段里，约见客户、低头阅读文件、设想项目规划，都可以使你的低价值时间转换为高价值时间。

很难完成的任务。做了很久任务还是无法按预期完成，极有可能是不现实的举措。何不尽早向上司报告情况，以免在不必要的事情上浪费自己的时间。

无效的谈话。约见的客户不谈正题，对一些细枝末节毫无意义的小事情却津津乐道，当发现有这种苗头出现时，应果断打断对方，牵引谈兴正浓的他到正题上来，节省自己的时间。

不需要事事都亲自动手。有一些事情并不需要亲力亲为，比如下属写的工作报告不符合规范，没有达到预期的效果，就不必亲自动手修改，可以让有经验的同事协助你的下属，同时给下属自己修正的机会。

5
改掉磨蹭的毛病

你不笨，甚至很聪明，可是不知道为什么不像别人做得那么好，也不像别的同事那样能得到上司的重用；你有好多好点子，可是还没来得及实施，别人已经捷足先登了；你工作的时候好像不太紧张，但是休息的时候还在工作；你也知道今日事今日毕的道理，可是到头来还是把今天该做的事拖到了明天，明天该做的事拖到了后天。你知道这是因为你有磨蹭的毛病，因为你约会的时候会迟到，交付任务的时候会拖延，有时候甚至因为不守信用不得已还撒谎。磨蹭害你不浅，你早想改之，可是效果不佳。不要懊恼了，心动不如行动，以下几种方法或可帮你改头换面。

养成看钟表的好习惯。在家里各个房间里都放上钟表，手腕上带上防水手表，做事或出门时，多看看钟表，发现时间不够时，加快速度，你就不会因为迟到而满心歉疚了。

用闹钟提醒自己。现在手机都有很完备的闹钟功能，起床铃设置两遍；需要提醒的事情也及时设置闹铃；这样可以避免因迟到造成的坏影响，也可避免因忘记处理公事而遭到批评。

记下要做的事。准备一个备忘录，每天开始工作之前，先写下今天必须要完成的任务，然后按照轻重缓急一项一项来做，做完后画上勾，没做完的事情加班完成，这样第二天就会加快速度了。

布置明快的环境。将办公桌的颜色调整为明快的氛围，多增加一些红色和蓝色的区域，通过视觉刺激你的神经，改变你萎靡不振的状态，提高工作效率。

跟从音乐的节奏。如果情绪低落，工作毫无激情，不如放一些欢畅或节奏较快的音乐，跟从音乐的节奏，你那昏昏欲睡的状态就会来个 180 度的大转弯。

请求家人的帮助。告诉你的家人，自己想要“治愈”磨蹭的毛病，让他们帮助你改变自己的坏习惯。请他们给你规定时间，告诫你什么事情一定要在什么时间完成，在他们的催促下，你不会再犯拖延的老毛病了。

6

统筹规划你的时间

富兰克林·费尔德曾经说过这样一句话："成功与失败的分水岭可以用五个字表达——我没有时间。"我们在快节奏的生活和工作中，总感觉忙忙碌碌，似乎永远都没有充裕的时间去做自己喜欢的事。于是在忙碌中，在遗憾中，多少年过去了，我们的很多想法都未能得到实施。可是我们必须了解一点：世界上有很多人，他们的智力与我们相差不大，但是他们却能够用每天挤出来的时间发展自己的兴趣爱好，最终在自己所喜爱的事业上有所成就。别以为他们都是大闲人，事实上，他们比我们任何人都忙碌。每天的时间虽然只有24小时，能够用来工作和学习的也不过10小时，真是少得可怜，所以我们需要学会统筹时间。

方法一：六点优先工作制。每天全力以赴做6件最重要的事。如果你每一天都能完成最重要的6件事情，几年积累下来你就能成为某一方面的专家和天才。

方法二：二八原则。生活中80%的结果是源于20%的活动。根据这一原则，我们应该首先完成紧急又重要的工作，其次是重要而非紧急的工作，再次是紧急而非重要的工作，最后是那些极不重要也不紧急的工作。

方法三：莫法特休息法。不要长时间地做同一种工作，而是要经常地做不同内容的工作，保持精神上的兴奋点，进行主动地调剂和放松。

方法四：麦肯锡30秒电梯理论。主旨是在讲述一件事情时，要直奔主题，尽量归纳为3个问题，把结果表达清楚，在30秒钟以内说明白。

方法五：四象限定律。按重要和紧迫的程度，确立做事的顺序，精髓是把工作任务分为两个维度：一个是重要性维度，一个是紧迫性维度。两个维度的地位不同，重要性是第一维度，紧迫性是第二维度。

方法六："马赛克"时间块定律。把握每件事之间的工作间隙，可以偷得几分钟的空闲时间。具体操作方法是，当你做好了一件事情，想要做另外一件事情时，中间留出10分钟左右的"马赛克"时间块，用来休息放松。

7
让时间变得重要

时间弥足珍贵，既不能贮存又不能买卖，也不能转借。“一寸光阴一寸金，寸金难买寸光阴。”还有什么能比古人的这句话更能充分地说明时间的价值呢？其实，我们很多人也意识到了时间的重要性，可就是没有足够的决心和恒心去珍惜时间、规划时间、有效利用时间。我们也有很多的人生目标，可我们总是抱怨时间不够，要挣钱养家，要应付杂物，要召开无聊的会议……太多的借口，是我们后半生可能会碌碌无为的毒瘤。改变我们的观念吧！由此，我们的生活才能有所改观。以下方法可以帮助你树立时间重要性的观念，并且让你从此成为掌握时间的主人。

树立时间大于金钱的观念。用你的金钱去换取别人的成功经验，去跟顶尖人士学习，去选择有价值的书籍阅读，去上权威性的培训班。成功的经验可能需要10年的时间去获取，如果你能在短时间内学习到10条有用的成功经验，那你就为自己浓缩了100年的时间。

每天安排30分钟到1小时不被任何人打扰的时间。假如你能有1个小时的时间不被任何人干扰，把自己关在一间屋子里，思考一些事情或者做一些你认为最重要的事情。这样的1小时相当于你一天甚至更多天时间的效率。

每一分钟都要做有效率的事情。不管是什么时候，你都要提醒自己，自己现在所花的每一分钟是不是在做有效率的事情，如果只是“耗”时间，赶紧给自己找事做，不是有很多事情你想做而没有时间做吗?

同一类事情最好一次把它做完。如果你要从事文字工作，那就在一段时间内只做文字工作；假如你在思考，那你就不要被旁事干扰；假如你需要打几个电话，那就集中到一个时段来打。专注于做一件事情，效率是最高的。

做好时间记录。每天从起床开始，穿衣、早上搭车时间，工作时间，工作间隙……每天睡前把白天用过的时间记录下来，你会发现浪费了哪些时间。第二天，你会避免再度浪费，如此，你的时间会有最大的使用价值。

8

当意外事件发生时

在我们的工作和生活当中，必然会有很多意外的事件会突然打乱我们的时间计划，人们通常所说的计划赶不上变化就是针对这个问题。正在做一件很重要的事情，突然很紧急的事情需要你处理；本来计划3个小时完成文案工作，忽然断电了；3天的调查活动，家里有事，不得不请假一天……太多的意外，让我们的工作效率大打折扣，有时候还会打乱我们正常的工作和生活秩序，如何避免意外事件发生时我们陷入一片混乱，当意外事件来临时，我们如何重新安排时间，这些都是我们应该事先做好的准备。一个追求效率的人，决不能因为这样那样的意外，而乱了阵脚。以下是预防意外事件发生的方法和当意外事件发生时的应对方案，这是你管理时间不可或缺的一部分。

为每个计划都留出多余的预备时间。比如一项任务你需要1小时完成，那你一定要留出10分钟的时间，一旦意外事件出现，比如老板约见、临时有事，都可以用多出来的10分钟时间作为弥补，这样就不会打乱原有计划。

迫使自己集中精力完成在限定时间内完成的工作。比如你原来计划1小时完成一项工作，那你就争取50分钟完成，用剩下的10分钟时间来休息和放松。如果没有意外事件发生，你至少要用1小时完成，超过1小时，就算是拖延。一个追求效率的人，必定是一个有着快速工作习惯的人。

准备一套应变计划。网速突然很慢、路上堵车……开始一天的生活时，就要事先对这些事情有所预测，并准备好一套应变计划，一本早就想读的杂志、几个久未和朋友联络的电话，把这些事情放入应变计划中，能有效避免时间的损失。

立即准备应急预案。周一去上班，突然听到通知要到外地出差；昨天还好好的，今天急性肠胃炎……这些突发事件来得很突然，又要占用大量时间。应立即准备应急预案：拿出一份用时较长的事务——写工作总结、阅读基本励志书等，别让时间在无聊中白白流失。

第六章
乐在工作

1
你在为谁工作

一本《你在为谁工作》，曾经是当年的超级畅销书。老板们希望通过这样一本书，调动员工的工作积极性，提高员工的工作效率，增加公司的利润；员工希望通过这本书，找到辛苦工作的理由。那本畅销书是为管理者激励员工提供的激励读本，恐怕老板们很欣赏，员工们很失望。到底是为谁工作，还是很迷茫。你呢？你认为你这样辛苦是为谁工作呢？以下一些提法，不知道是否是你一直在寻找的答案。

工作一半为了公司。你工作的时候，为公司做了很多事情，这些事情看似很小，但是包括你在内的所有员工，把所做的事情集合起来，就会给公司带来利润。公司通过你的利润，让其当初的投入收回成本，并获得利润。

工作一半是为了你自己。没有工作的你，没有薪水。没有薪水，需要别人来养活你。没有养活你的人，你还是需要薪水。需要薪水，就得通过工作来获取。努力劳动、高效劳动、高层劳动，会给你带来不同级别的薪水，就看你在哪个层次上了。

公司需要你的工作。公司需要员工的辛勤工作，才可以正常发展，没有员工的劳动，没有劳动的员工，公司的一切都无法运行。别总想没有你，任何一个公司都正常发展，想一想，如果所有的“你”都不再工作，公司或组织一定会迅速坍塌。

你需要一份工作。工作虽然会让你厌烦，但是没有事情做，比有事情做要厌烦很多。劳动是一个人的本能，也是一个人的权利。一个不可以劳动、没有机会工作的人，会丧失作为人在这个世界上生存的快乐。如果工作厌烦了，可以休息；休息厌倦了，可以工作，那样最好，本来你也可以有这样的生活。

工作可以体现你的价值。一个人的个人价值，不是通过吃喝玩乐来体现出来，而是通过工作。只有在工作中，才能更多地体现你的聪明才智，使用你的技能，发挥你的特长。付出以后，总有收获，应对事务的充实感，克服难题的成就感，是比吃喝玩乐更让我们欣喜的满足。

2

你可以乐在工作

每周 5 天，每天 8 小时，朝九晚五。每天要按点儿起床，在路上堵车，回家已是晚上七八点，每天一成不变的工作时间，每天毫不放松的紧张工作，日复一日永远完不成的工作任务，让现代白领觉得压力重重。一到周五下午就高喊万岁，一到周日下午就哀叹魔鬼即将来临，把工作当作世界上最苦恼的事，不工作又没办法养活自己，真是悲哀啊！还要这样生活 30 年，很辛苦又很无奈。我们真的就这样痛苦地生活 30 年吗？其实，只要我们改变思维，改变策略，你会发现乐在工作可以成为现实。

工作是生活的必要。尝试和那些没有工作的家庭主妇聊聊天，你会发现她们的生活都很单调，她们本人也因没有工作、脱离社会、缺少交际而极其苦恼，这时候你会理解工作是生活的必要，没有工作比整日工作更加无聊。

为自己设立目标和希望。没有目标，就如同在大海上航行没有航向一样，漫无目的也毫无激情。只有心中有明确的目标，才能在过程中体会到自身在迈向目标时的喜悦感受。据研究，“目标”可以带给一个人拼搏进取的坚定信念，而“快乐”就是在这种信念的驱使下衍生的。

分割工作任务。一项任务需要长时间去完成，每天都不停地向目标前进，就会有疲惫不堪的心态。最好把用时较长的工作任务分割成几个部分或几个阶段，每个时段只完成分割的那一部分，就结束工作，休息一下，这样你就不会因工作压力而烦恼不堪了。

设想最坏的结果。工作任务很艰巨，在执行过程中难免压力重重，这时候不妨设想最坏的结果，如果完不成，结果会怎么样？如果结果还不致于让你卷铺盖走人，那你完全可以卸掉身上沉重的包袱。

自己表扬自己。每天都要做很多工作，可是老板未必看得到，看得到也未必会表扬你，他认为你拿了他的钱，就应该做这么多的事。那么何不自己表扬自己呢？每天下班前的10分钟，找出表扬自己的笔记，在上面写下一天中完成的工作，画上大拇指图案，表彰自己的功劳。你会带着成就感回家。

3

工作中讲究方法

埋头苦干的精神在某种程度上是值得表扬的，但是没有方法的埋头苦干却并不值得提倡，对你个人是无益的。俄罗斯有句谚语："巧干能捕熊市，蛮十难捉蟋蟀。"要想提高工作效率，使自己出类拔萃，获得领导赏识，提高薪资水平，就要在工作中讲究方法。方法得当，事半功倍；方法失当，事倍功半。事半功倍，你可以用节省下来的时间读书、学习、休息或做别的事情，以表现自己出色的工作能力；事倍功半，你只能整日奔波在生产线上，看似忙忙碌碌，实则效率低下，到头来费力不讨好，自己还疲惫不堪。

首先要有明确的目标。一定要明确做一件事情的最终目标是什么？老板只看结果，不看过程，结果让老板满意，那你过程如何并不重要。因此，当老板交代任务时，你记得只要完成任务需要达到的目标即可；当年终规划来年计划时，你也只需要写出你的未来目标是什么就可以了。

分清主次，排除干扰。合理有效地规划工作任务，可以大大提高你的工作效率，同时减轻你的工作负担，让你的工作更轻松，更易获得成就感。把工作任务分为“紧要重要”“紧要不重要”“重要不紧要”“不紧要不重要”四个部分，合理安排，先后完成。

先抓主干，兼顾旁支。一件事情由多方面组成，在做这件事时最好先抓主干，兼顾旁支，不要把最主要的东西搁置一边，而在旁枝末节上浪费时间。

合理安排时间，节省脑力体力。在一天中工作效率最高的时间段执行任务，上午8点半到11点，下午2点半到5点半，这个时间段人的精力充沛，工作效率较高，应专心工作，加大工作量。其余时间给自己分配少一点工作任务，完成之后可以适当休息。

找到适合自己的表现角度。没有人是完美的，人人身上有不足之处，但每个人都有自己的优势。在事业发展中，要尽量规避自己的不足之处，而突出自己的优势。把自己不擅长的部分交由别人来合作完成，自己做擅长的事，这样取得成功的效率会更高。

4

工作中寻找乐趣

很多人把工作和生活划分成两个部分，工作是苦役，生活是苦役加享受，其实这是不科学也不现实的划分。工作也是生活，而且是生活当中最为重要的一部分，占据了我们生命当中近于三分之一的时间，如果我们把工作当作苦役，那我们人生有绝大部分的时间都会生活在痛苦当中。如果我们把工作当作人生最有意义和最有价值的事情，能从工作中寻找生活的乐趣，那我们的人生岂不是光彩亮丽。要想在工作中找到乐趣，就要学会挖掘工作的意义，找到其“可爱”之处。

让枯燥任务变得有趣。很多工作任务是比较枯燥的，日复一日，年复一年。想想有什么办法可以让这种枯燥的工作变得有趣起来。美国医药界领军人物华林格的一个方法或许可以给你一点提示：他一边接听电话，记下客户的送货地址，一边招呼伙计立刻送货，等到他放下电话时，货物已经抵达客户的家门口。这个方法不但让他的工作有趣起来，还让他成就了后来的声誉。

面对不同的工作，用不同的装束。新的工作任务来临时，就给自己换上一套针对这个工作的工作服，假设自己是一个新公司的新成员，正面对一项新任务，这时候你会感觉到一些新鲜感，并能增加工作激情，改善枯燥情绪。

工作间隙找乐趣。一天工作8小时，总有那么几十分钟可以随意支配。召开全体会议时，如果会议内容对你并不重要，你就可以找出纸和笔，偷偷地画上几幅小漫画，让自己的神经放松下来。此法还可以在工作间隙、午饭前后使用。

通过工作环境结交朋友。如果你的工作环境每天都会遇到很多人，那你就试着从中寻找一两个自己喜欢的人，期待着和他们见面共事；假如你的工作环境是一成不变的几个人，那么就尝试通过工作关系去接触同行业的新人，为自己的工作环境注入新的活力。

工作不努力，努力找工作。假设这周工作结束，你就会被炒鱿鱼。这时候一种珍惜工作，害怕明天努力找工作的情绪会让你改变对现有工作的憎恨之情。

5

工作后充分放松

成年累月的工作确实让白领女性疲惫不堪，但是有很多方法可以帮助我们减缓这种劳碌带来的压力。工作后充分放松就对我们的身心有很大的帮助。我们的身体就像一根弦，如果总是紧紧地绷着，就会慢慢失去张力；如果紧绷一段时间，再放松一段时间，那我们这根弦的张力就永远不会消失，我们仍然可以充满自信、满怀激情地去投入工作，保持高效获得成绩。以下的一些方法只是抛砖引玉，其实还有很多方式可以帮助我们调适自己，你可以根据自己的需要去尝试。

读书可以励志。阅读励志图书，可以帮助我们充实内心，让身心振作起来。充沛的精神力量可以消除疲惫的精神压力。在工作疲乏的时候，打开相关网站读上几页，那种对工作的厌烦情绪就会很快消失。上下班的地铁路上，随意读上一两篇励志小文，会使自己觉得一整天的工作都很有意义。

用各种方式犒劳自己。辛苦工作，就应该有所回报。挣钱养家之外，还要留出一小部分资金来犒劳自己，一小份蛋糕，几颗稀罕的水果，偶尔一次奢华而实用的购物，那种辛苦工作可以给自己带来诸多益处的潜意识会减缓你的工作压力。

常听喜欢的音乐。研究表明，音乐可以缓解人们的心理压力。在车里常备自己喜欢的CD，在家里设置方便开关的音响设备，包里装上精心挑选的mp3，随时可以用音乐来排解烦忧，可以让你的压力在不知不觉中消失得无影无踪。

定期到户外旅行。隔周周末、法定节日、年假都是你到户外旅行的好时机，和家人一起或约上几个谈得来的朋友，到风景秀丽的山水之地、公园、野外，去体会大自然的宽阔、秀美和清新的空气，你那疲劳的神经会得到完全的放松。

或者采用一些使自己在工作环境中放松的小技巧，你就可以摆脱这种苦恼的藩篱了。

6

改变工作陋习

没有人是完美的，每个人身上都有或多或少的缺陷。对于先天的缺陷，有很多是可以靠后天来弥补的；而对于后天养成的陋习，更可以通过自省、改变的方式，来纠止自己的不良习惯，提高自己，完善自己。对于我们的事业来讲，有一些习惯虽然不大好，也不会产生直接的冲突和严重的危害；但是，有些工作中的一些陋习，则对我们成就大事有着严重的阻碍。你是否愿意看着别人得到嘉奖而自己却坐冷板凳？你是否愿意工作十年，仍然只是一个普通的下层员工？如果不愿意，就一定要努力反省自己，坚决摒弃以下工作陋习。

总是杂乱无章。当你的办公桌总是横七竖八地放着文件、水杯、签字笔、胶条等，这种杂乱无章的“局面”让你总是感觉到慌乱、紧张、忧虑和烦恼。在这种情绪的影响下，你如何能轻松、高效地处理工作呢？即使你能处理事务，这种不整洁的状态总是给人一种没有条理、无秩序的不良感觉。

缺乏组织能力。在组织工作中，因为不懂得授权他人，事必躬亲，不信任别人，便常常会感到匆忙、忧烦、急躁和紧张。自己疲惫，让你的老板看着也不省心。作为主管，应该学习如何委派他人，疲于奔命的人，不能做好管理者。

不分轻重缓急。想到什么就做什么，这件事情还没做完，就进行下一个任务，结果两件事情可能都做不好；要不就是眉毛胡子一把抓，大事小事一起做，结果大事小事都完不了。职场人士做事应该按部就班、先后有序。

对问题拖而不决。没有解决的办法，就找借口拖延时间；手头有事，却把重要的事情搁置一旁。这种拖延的毛病是职场人士的大忌，一件事情的耽搁轻则可能引起老板不满，重则会导致公司失利。

不遵守承诺。言而无信，不知其可也。一个不遵守承诺的人，终究会失去别人的尊重。在职场中，答应别人的事情没有办，或者只是开开玩笑，并不当真，都会成为别人厌恶的对象。不要轻易承诺，更不要轻易失信。

7

工作体现生命价值

你的一生约有三分之一的时间是在工作中度过的，如果工作对你来说没有意义，也没有任何价值（除了获得薪水之外），那你的人生就基本没有什么价值可言了（金钱只不过是寻求人生价值的工具）。从另一方面来讲，仅仅把工作视为谋生手段的人，总是没有更好的工作让自己的生活更加优越；而把工作视为体验人生价值、实现人生价值的人，却可以通过工作达到职业巅峰，不仅改变了自己的生活，改变了自己的命运，体会到了人生的美妙之处，还能为社会作出贡献，成了一个于己不虚度人生、于社会不白来世上的成功者。以下几个方面，对你理解在工作中体会价值是不错的点拨。

工作是生命存续的手段。工作就是改造自然、改造社会，在为社会作贡献的过程中获取基本的生存资本，同时体现出自己的人生价值。任何一个人，如果停止工作都会面临生存威胁，即使那些继承了巨额财产的人，也得为财产的保全、保值和增值而工作，否则财产也会流失，富有也会变成一无所有。

工作是人的一种社会需要。工作是谋生的手段，但谋生并不是人生的全部内容。人和动物的区别就在于，人在满足了温饱之后，还有更多的精神追求。工作除了能给你带来物质享受外，还是我们和社会各界打交道的途径。只有工作的人，才能感觉自己是社会的一分子，才会有归属感，才不会感到寂寞。

工作是人生全面发展的最重要的条件。成年人在不同阶段都需要从事社会工作，工作将个体的人和社会紧密联系在一起，人们在工作中接收社会信息，使自己的综合素质不断得到提高。如果没有从事工作，我们的人生就只能停留在学生时代的懵懂和无知，这样的人生显然是没有价值的人生。

工作是体现生命价值的最佳载体。我们一生中约有三分之一的时间在工作。如果我们不把工作作为生命价值的载体，我们还能选择其他的更好的载体吗？在占据你人生三分之一的时间里，如果一事无成的话，那我们的生命岂不是白白浪费。

8

重获工作激情

就像婚姻到了七年之痒的阶段一样，你在公司工作好几年了，你对工作任务，对老板、同事，对那些一成不变的惯例、恼人的规则都已经熟透了。应聘的时候，你怀着无限的向往，可是几年相处，公司的缺点、工作的枯燥让你往日的神秘感、新鲜感消失得无影无踪。就像相处了七年的爱人一样，厌倦了，乏味了，但又不能转身离去。就像不能离婚一样，不能离开一家公司也有诸多的原因，怎么办？如果回归当初的激情？以下的一些建议，或许可以让你的职业生涯激情再现。

不要一成不变。在公司工作，就要遵循公司和自己设定的各种规则。一成不变的工作，即使是最循规蹈矩的人也会有厌烦的一天。何不改变一下工作安排，做一些和以前不一样的事情。这表面上看来很简单，但可以改变你的整体观念。

和同事互换不喜欢的工作。想想有什么实在不想干的事情，观察一下你的同事是不是也有相同的感受。和同事商量一下，在不影响工作进度的前提下，两个人互换一下不喜欢再重复的工作，这可以帮助你们减轻压力，让你们的工作关系也更加密切。

与同事建立良好关系。很多人不喜欢在一个单位长久待下去，很大的一个原因是和同事无法融洽相处。日久天长，矛盾难免产生，这是办公环境中的一个突出特点，或许你也正处在这样的困惑中。何不改变观念，尝试化解和同事间的恩怨。

创造独属你一个人的项目。这是让你对工作感到兴奋的好方法，可以让你重新爱上自己的工作。在独属于你的项目中，你会体会到前所未有的支配感和付出感，也可以用一种新的方式来挖掘自己的潜力，展示自己的才能。

学点新东西。俗话说："学无止境。"任何一个行业都值得继续深入和探讨。在本行业中，利用工作时间，扩充知识，增加技能，加深研究，会让你觉得未知的领域还很广，所得的收获正在增加，进而让你越来越有成就感。

第七章
积极态度

1

女士有比男士能干的优势

很多女士这样对待自己所从事的职业：做这份工作，不过是为了养活自己，让自己独立自由一些，不用再依赖男人。再怎么努力，终究是个女人，不会像男人那样，在事业上有什么大的成就。其实，女士们过低地评估了自己的能力。女士和男士的智力水平原本是相当的，甚至女孩儿比男孩儿的智力更高，只是女性内在心态的修炼和外界对女性智力刺激的接受方式，导致在后来的成长过程中，女性的智力潜能受到了不同程度的压抑。如果女士能科学地认知自己的特长，在事业上的发展一定不会比男人逊色。

女性的语言表达能力、手指灵敏度、精细动作、语言推理能力、知觉速度、艺术欣赏都明显强于男性。如果你正在从事文学、教育、演奏、精细工种、社会科学研究、秘书、速记、艺术等方面的职业，你该有更多的信心，因为你有比男性易于成功的先天优势。

女性的思维是多轨的，而男性更倾向于专门化思维活动。这就为女性提供了比男性多一层的优势，女性可以具有把整个大脑集中到一个问题上的能力，使其更具理解和剖析对方话语中的含义的能力，也更容易感受到他人情感上的细微差别。

女人的直觉要比男人强出百倍，这是因为女人在和别人交流时，动用了脑部 14 个左右的区域，而男人只用了 5 个左右的区域。爱因斯坦说："真正可贵的因素是直觉。"女士有时候可以通过直觉判断是非，对事件未来的发展趋势做出准确的预测，男人却做不到。

女性大脑的语言功能可以得到充分的使用，男人却不能。女人每天可以轻轻松松地说出 6000 ~ 8000 个单词，男人则最多能说 2000 ~ 4000 个单词。这也使得女人的沟通能力要比男人强，而沟通能力是职场不可或缺的因素。

没必要拿自己和听到或遇到的最强的男人相比，这样比较的结果只能让自己灰心丧气。强者只占很小的一部分，你只要做到比大部分强就可以了。

2

善用女性优势的能力

有这样一种女人，她们自立自信，优雅中带有坚韧；她们精明豁达，干练又不失风情万种；她们有资本，先知先做，爱己爱人，像一群城市中的精灵。她们认为女人可以不漂亮，但不能没有味道。职业女性可以利落，但不可粗糙。女人可以母性，但不能太婆婆妈妈……总之，要好好利用你的女性“职场资本”。善用自己女性的优势，这也是职业女性的一种能力。能力的一个含义就是，我们能充分发挥自己的特长，并利用这些特长来进行活动，达到我们期望的目标，实现个人价值。

漂亮。漂亮不分年龄，每个阶段的女性都有她美丽的地方，知道自己的漂亮，学会使用自己的漂亮，学会挖掘自己美丽的地方，用自己的外在美增加亲和力。

关心。女人的关心是世界上最容易让人感动的事情之一，对同事或上司适当的关心，会让你在同事的关系上多一层友谊的成分。在人情较浓的中国社会，友谊非常重要。

镇定。职场上不欢迎大呼小叫的娇小姐，那是在父母面前、爱人面前的撒娇状态。只有镇定的职业女性，才能让人佩服你临危不惧的胆略，从而觉得你可以是个与众不同的领袖人才。

文静。一般情况下，男人和女人都不会喜欢假小子，成天在办公室里摔门撞桌子，谁能放心交代给你什么事？还是回归女人的本性吧！文静是女性独有的魅力。

正统。受过正统教育的女性不轻浮，不会让办公室成为风月场，大家知道你会规规矩矩地做事做人，不会担心你把办公室的小青年带“坏”了。

自信。你应该懂得办公室不是男人的天下，你也应该知道你的权利和男同事是平等的，你更应该了解自己的能力不次于任何人；一个自信的女人，才是一个有气质的女人，也才是一个值得被人信任的人。

健康。工作场合，没有人喜欢看你成天一副痛苦相；老板更不需要文文弱弱的员工，文弱就代表着劳动能力较弱。只有快乐而健康的女性形象，才能赢得别人的好感和信赖。

3 态度比能力更重要

为什么老板在自己的公司遇到问题时，从来不找借口拖延，而是想尽办法解决呢？因为他对公司有着绝对负责的态度和绝对积极的观念。这样的观念其实于你也是最重要的。老板希望自己身上的这种精神可以在员工身上有所体现，如果你是那种不找借口的员工，你自然会得到老板的认可。千万别总是有那么多的借口，接到任务时，不要总是满嘴的困难，似乎只有老板自己才能去完成这项任务，也不要在心里觉得困难重重，老板不会把不可能完成的事情交代给你做，这对他的公司没有任何好处。要拥有积极的态度，才能在工作中获得职业成功。以下几种方法，或许可以让你成为令老板满意的员工。

接到任务时，态度要积极。很多人不是被困难"难"倒的，而是被困难吓倒的。其实困难没有我们想象的那么难，你要勇于接受"困难"，而不要左右推辞，给老板留下"无用"的印象，即使你后来勉强完成了任务，也不会改变老板对你的看法。

努力整合资源，寻找解决办法。有些工作任务，不是一个人可以完成的，有可能也不是一个部门能完成的。这时候，要懂得整合资源。接到任务时，以最快的速度作一项周密的计划，列出所需要的资源，然后再找高层或老板签批。

对工作尽心尽力。工作不只是谋生的手段，任务也不只是完成业绩的阶梯。对工作尽心尽力，才能获得稳定的薪水、提升的业绩、老板的赏识。

尽力而为后，面对失败态度要端正。事情没做好，首先检讨自己的过失，迁怒别人只会让别人瞧不起你。事情不顺利，老板不开心是很正常的事，但是端正的态度、合理的解释，老板也会谅解，并有可能帮你做出调整。如果态度不好，老板会选择“换人”。

针对已经出现的问题，拿出解决方案。工作失败后，要立即拿出补救方案，这样老板会认为你很重视这个问题，不是因为不负责任才导致现在的结果。态度积极，才能让老板看到希望，也才能对你继续委以重任。

4

培养自信的重要方式

自信是成功的第一秘诀，在充满竞争的职场里，自信更是最重要的生存法宝之一。在面对某个机遇和某次展示的机会的时候，你有没有主动向前去抓住它呢？比如主持一个会议或接手一个方案、主动承担上司亟须解决的问题，或者主动地帮助你的同事，在权限范围内替他排忧解难等等。哪怕你做好了某一点，你就会得到别人的支持和认同。不要逃避和不敢面对失败。只有弱小的自卑者才会盯着自己的失败和缺点不放手，他们逃避现实，不敢自我肯定。现实中的恐惧，远比不上想象中的恐惧那么可怕，你必须充满自信，敢于面对挑战。

提高语言表达能力。一个人如果能把自己的想法或愿望清晰、明白地表达出来，那么他内心一定具有明确的目标和坚定的信心，同时他充满信心的话语也会感染对方，吸引对方的注意力，直到让人们相信，他的自信心对他人有着巨大的帮助。

尽量挑前面的位子坐。在各种聚会或会议中，你是选择坐在前排还是选择坐在后排座位？愿意往后坐的人，往往都希望自己不会“太显眼”，否则被注意或点名的机会就会增加，而深层原因就是由于缺乏信心。从现在开始就尽量往前坐，坐前面会比较显眼，但是别忘了有关成功的一切都是显眼的。

说话时去正视别人。不敢正视别人是心虚的表现，没有罪恶，没有不足，为什么心虚呢？以后在和别人说话时，要正视他们的眼睛，让你的眼睛为你工作，就是要让你的眼神专注别人，这不但能给你信心，也能为你赢得别人的信任。

敢于当众发表自己的见解。缺少自信，就算是思路敏锐、天资聪慧，也不能被人发现。不想做个无名小卒，就要在参加任何性质的会议时，都要主动发言。评论、建议或提问都可以，不要等到最后才发言。不要担心你会显得很愚蠢，因为总会有人同意你的见解。当然有一种情况例外：没有经过任何思考就发表你的见解。其实只要经过深思熟虑，发表的意见大多都是有价值的。

5

提升自信的小窍门

自信心强的人，当机会来临时不会错过；没有自信心的人，总是低估自己的能力，埋没自己的才华。为什么在职场上，男性管理者要比女性管理者多，男性成功者也比女性成功者多呢？女性比男人缺乏自信心是其中最重要的原因之一。其实女人并不比男人差多少，关键是要抵制身体里那个脆弱的自己，这样才能发现原来你可以有无限潜力。以下一些提升自信的小窍门可以帮助你建立自信。

关注自己的优点。在纸上列下10个优点，不论是哪方面的，长相、性格、能力等，在从事各种活动时，想想这些优点，并告诉自己有什么优点。

自我心理暗示，不断对自己进行正面心理强化，避免对自己进行负面强化。一旦自己有所进步，不管成就大小，都要对自己说："我本来就可以！""原来我可以这么棒！""我能做得更好！"

树立自信的外部形象。整洁、得体的仪表，有利于增强一个人的自信；举止高雅稳重，会培养一个人发自内心的自信；健美的体形对增强自信也很有帮助。

做自己擅长的事。在学习、生活、工作中，尽可能选择自己擅长的事去发挥自己的优势，从中感受自己的强大和力量；对于不擅长的事，要一点点做，以做到比期望值好一些为自己的目标，这样也可以增强自信。

阅读名人传记。很多知名人士成名前的自身资质、外部环境并不好，多阅读一些这方面的图书，你会发现原来人和人的差别并不大，关键是有信心坚持下来。

做好充分准备。准备充分了，就会在从事这项活动时较为自信，而且顺利完成活动后，你的自信心还会延伸到对其他活动中。

冒一次险。当你做了以前不敢做的事以后，你会发现困难并不比想象的多。

做自己喜欢做的事。对自己喜欢做的事，因为比较投入，容易取得成功，继而产生成就感。

尽量依靠自己。有事尽量依靠自己解决，能不断激发自身的潜力，并且通过一次次的成功，不断提升自信水平。

6

不该有的消极态度

很多职场女性人在职场，心在他处。上班只是为了赚钱养活自己，工作只是为了应付老板交代的任务，下班后就喊万岁，一过周日就是黑暗来临的日子。为什么对工作这么没有激情，甚至视工作为生活中最痛苦的事情呢？这是典型的消极怠工症状，不但会让你的生活缺少乐趣，让你的人生缺乏意义，当然也会让你的职场之路一路坎坷。如此看来，这样的消极态度，对你本人有百害而无一利。下面来分析几个消极态度，看看对你的前途有什么不利影响。

消极态度一：工作只是为了赚钱。有这样想法的人，必然认为工作是给老板卖力气，卖自己的智慧，卖自己的体力，每天卖够8小时，拿到薪水，然后在其他方面弥补自己。这是一种典型地把自己当做别人奴隶的一种想法，在这样想法的前提下，自己的身份自然不能高贵，自己的前途也就永无光明。

消极态度二：赚钱不多，够花就可以。其实每个人都想多赚点钱，可是考虑到自己能力有限，目前赚到这么多就很庆幸了。

这样的想法会抑制自己不断学习、不断成长的信心。不进则退，满足现状或者没有自信，只会在竞争的大环境下，遭遇淘汰。

消极态度三：懒得费心讨好别人。人际关系是职场中不可或缺的部分，也是一个人能否在职场晋升的关键要素。有一些人和同事有误会，不愿意去化解，也不愿意建立和谐的职场关系，听之任之，这种态度对你的个人发展没有任何好处。

消极态度四：过一天算一天。没有学习计划，没有职业规划，没有发展目标，只是过一天算一天，等到机会来临时，自己没有做好充分准备，或者遭遇变故时，一时茫然不知所措。

消极态度五：工作做得差不多就可以了。完美无止境，可是我们很多人却在做工作时做到差不多就停手了。其实这样的态度，老板不喜欢，同事也不认可，他们觉得你不够努力，对工作不负责任。正所谓今天工作不努力，明天努力找工作。还是认真对待你的工作吧！

第 八 章
忠于公司

1

让公司感到你的忠诚

一个好员工，有许多素质要求，能力、勤奋、主动、正直、负责，但是比起这些素质来，老板更愿意重用对他忠诚的人。对公司忠诚，对老板忠诚，是一个员工在公司最大的优势和财富。因为它能换取老板的信任和坦诚，也能换取老板的提拔和优势薪水。忠诚是职业美德，可能一时半会儿不会得到任何好处，但是随着你在公司的时间增加，你会发现这种日积月累的职业操守，将成为你在公司中职位和薪水稳步提升的砝码。如何才算忠于公司呢？以下几个方面可给你明确的提示。

维护公司的利益。把公司的利益当做自己的利益，绝不损害公司的利益，并随时随地维护公司的利益。这种态度和做法虽然总是不起眼，但是一旦被老板注意到，你就会有飞黄腾达的机会了。

关心公司的状况。凡是和公司有关的事情，都主动去关心；凡是有利于公司的事情，都想办法去做，至少也要向上级汇报。把这种行为养成一种自发的习惯，这种习惯会得到上司的欣赏，老板的重用。

关注公司的发展。多为公司出谋划策，为公司未来的前途着想。公司的发展也是你个人的发展，公司发展状况良好，作为公司的一分子，你也会从中收益。另外不要传播不利于公司经营和发展的消息，不利于公司的行为，最终你也会受到牵连。

将自己的命运与公司紧紧相连。当你认真地选择了一家公司后，你就要把你的人生规划和这家公司联系起来，要明白在哪里工作都是工作，与其幻想到别的公司，从那里的小职员做起远远不如在现有基础上打造你的职业品牌。

和公司同甘共苦。不要因为公司一有困难就离开，公司的发展有时候不会一帆风顺，只要还不至于倒闭，就要和公司同呼吸、共命运，和公司一起扛过危机时刻的人，会让老板从内心里真正感动。

2

适应企业文化

一个公司的企业文化，就是这个公司的性格。它是由公司内部的关系决定的——谁向谁汇报工作，谁应该听命于谁，或这谁来制定最终决策。公司越大，权力越集中，公司的企业文化就越正规，也越成体系。当你初进公司时，你可能会拿到一本小册子，里面有公司规章、办事程序、着装要求、休假规定和福利制度等，但这还不足以是企业文化的全部内容，你还需要通过其他途径，了解公司真正的企业文化。了解之后，怎么做到既能适应企业文化，又不与自己的核心价值观念偏离太远呢？牢记以下建议吧！

让自己的性格适应公司风格。除非你的公司文化真的让你无法接受，不然你就应该尽快弄清楚公司文化，并尽可能快速适应公司文化，根据公司里不成文的规则行事。不守规则的人往往会被孤立，尽快融入群体才能获得认可。

为了实现目标就要舍得退让。如果你想开始一个项目，但是遭到了公司其他人的反对，你所能做的就是和他们协商，摸清楚他们需要什么，你能为他们做什么，以便取得他们与你的合作。

对于那些害怕变化的人，你只需要告诉他们，你的举措对他们没有危害。

留心公司有害的文化模式。有些企业的文化是以不良风俗为基础的。比如大家崇拜工作狂，对女性职员有偏见，如果问题严重你就应该考虑跳槽了。因为这样的情况有损你的自尊，也对你的家庭无益。一个只关注工作的人是没有办法去关注家人的。

不要太受企业文化的束缚。如果公司的企业文化对于你个人的发展和职业生涯的规划没有益处，你要敢于试探公司文化和公司传统的底线，试着改变企业体制，或生产新产品，这对于你和你的公司都有益处。

适应小公司的企业文化。小公司没有那么多条条框框，更加有利于个性的发展。但是小公司也有自己独特的企业文化，人际关系在小公司很重要。因为小公司没有大公司的层层等级制度的保护，所以搞好人际关系是在小公司企业文化最重要的环节。

3

细节体现对公司的忠诚

老板在考察一个员工是否对他忠诚的时候，他不会只听你喊口号，也不会只看重你的业绩。喊口号都是空话，业绩可能是为了自己拿到更多的奖金；他也不可能只看你是否对他言听计从，不可能只看你是和同事友好相处，人际关系搞得好只是说明你善于和人打交道。老板看一个员工是否对他忠诚，除了勘察“重点项目”外，更会观察你在细节方面的表现。小细节能说明大问题，老板往往会通过细节来决定你是否真的对公司忠诚。让老板以为你对公司忠诚这很重要，你一定要在细节上审视自己的行为，不要让不起眼的小事，影响了你在老板心目中的地位。

穿着上不要随意。虽然很多公司没有专门要求员工穿着职业装，但这并不表明你可以随心所欲，依照心情穿衣打扮，然后在办公室招摇过市。很多老板的思想比较保守，他们会认为穿着随意的人根本不尊重公司，这样的人一定也不忠于公司。

不要按点儿下班。按道理说，下班的时间到了，立刻走人也没有什么不对。但是别忘了，老板们从来不会喜欢按点儿下班的人，也绝不会认为准点儿就走的人对公司有什么忠诚感。下班后，推迟5分钟再走吧！5分钟足够赢得老板的好感。

工作中不要闲聊。埋头工作一两个小时，自然想放松一下，于是和同事们闲聊几句，就成了女士们选择的休息方式。不过，最好不要当着老板的面闲聊，他们绝不喜欢把办公室当咖啡屋的员工。

不要挪用公司公共物品。很多人以为不就几张A4纸，几根圆珠笔嘛，拿来用用没关系，老板不会那么小气。老板表面上不能说什么，当然也不会在乎几块钱的东西，但是他们往往对私用公共物品的行为深恶痛绝。

不要频繁请事假。如果不是突然生病，最好在周末把事情处理好。就算已经把工作做完，也要待在公司里通过其他方式放松自己。总是找借口请假的员工，绝对不会赢得老板的青睐，他很反感拿了他的钱却不老实干活儿的人。

4 培养几个好习惯

人们往往会通过一个人的日常行为习惯来评价一个人的道德品质。老板往往也通过观察员工在办公室的行为习惯来对他进行评价。精明的老板都知道，一件件偶然性的小事根本说明不了什么问题，细节上的疏漏或许会让他大为不快，但也许很快就会淡忘；但是很多已经形成习惯的行为举止，却会成为他评判你对公司忠诚度的最大砝码。他会认为，你是否散漫、不负责任，对公司是否忠诚，代表你意识的习惯行为会表露无遗。反过来，如果你能培养几个好习惯，你的忠诚度自然就会提升。

上班前打扫卫生。有一些大公司有专门的清洁员负责办公室的卫生工作，但是有一些公司需要员工自己打扫卫生。勤快一点儿吧！开始工作前，先打扫一下卫生，包括老板的办公室，一个星期只要打扫一两回，你在老板心目中的地位就会比其他懒人高很多。

整理好自己的办公桌。办公桌实际上就是一面工作的镜子，它反映了你的工作态度和执行能力，你是否认真工作、忠诚公司，老板们往往会通过你的办公桌来作出判断。整理好自己的办公桌吧！它比你的衣着更会引起别人的注意。

整理办公室公共物品。如果你的办公室有很多公共物品，比如书架、传真机、饮水机等，你也别忘了在这些物品上面留下自己的好习惯。时常记得整理书籍、擦拭传真机、添加饮水机里的纸杯，这些好习惯会让老板看在眼里，记在心上。

及时关闭不用的电脑。工作时间不会8小时都用到电脑，不使用电脑以及中午外出就餐的时候，请把电脑关闭或至少关闭显示器。人不在办公桌前，电脑却一直开着，老板会认为你根本不在意浪费公司资源。

将手机铃声调到最小。办公室是比较安静的场所，手机铃声就算很小你也能听得到。但是如果很闹的手机铃声，不但会影响正在专心工作的同事，也会让隔着玻璃门的领导听到产生不快情绪。最好把手机铃声调到最小，并到办公室门外小声接听。

5

积极融入团队

公司是一个团队，这个团队是由独立的个体组成的，你就是其中的一个个体。公司的发展，首先是团队的发展，而团队的发展，需要每个个体的努力。你是否融入团队，是否能作为团队的一分子而不是一个独立的个体，来为公司创造利益，这也是公司评价你是否忠于公司的重要指标。公司需要你积极融入团队当中，听从领导的指令，与每个员工融洽相处，将个人才能与团队力量结合起来，让公司的组织行为得以顺利进行，由此产生高效业绩。把自己融入团队当中吧！你在接纳团队的时候，团队也在接纳你，集体的力量会给公司带来利润，也会给你带来回报。

团队是一支战斗的集体，其中的每一个成员，都是增强团队战斗力的重要部件。你必须改掉自己自傲或自卑的心态，让自己的性格适应团队的环境。在团队中，淡化自己的个性与团队同步前进。

有意识地消灭“自我”这个敌人。在工作和生活中，人们首先考虑的就是自己，而正是因为这个“自我”的存在，使得自己在工作中不能顾全大局，或者太自以为是。试着忘掉“自我”吧！站在全局的立场考虑问题，你才能真正体会团队的力量。

理清自己和团队的关系。作为团队中的一员，你没有理由把自己的兴趣、习惯和喜好凌驾于团队之上，公司不需要特立独行的人。理清自己和团队的关系，做一个谦逊的人，忠于自己的团队才能获得团队的认同。

自觉地融入团队当中，领悟团队文化之精髓。团队文化从某种意义上体现了老板的管理方式或文化取向，你应该自觉地融入团队当中，顺应公司领导人的价值取向和文化取向。与团队文化背道而驰，自然不会受到欢迎。

不要拉团队的后腿。依据木桶理论来看，一个团队是否能取得成就，往往起决定作用的不是那个能力最强的人，而是那个能力最差的人。因此，你要积极努力，配合团队的进度，不要成为拉团队后腿的那个人，否则你会被同事所弃，被老板所厌。

6

小公司里的满足感

你是不是正为自己还在小公司里憋屈着而烦恼重重？你多么向往工作稳定的国企，多么憧憬风光无限的外企，你总觉得自己不比别人差，可是每次尝试挤进那些大公司都失败而回，到如今还在小公司里“大材小用”！其实这样的想法是不成熟的。其实，美国大部分人都受雇于员工人数不超过150人的小公司，小公司虽然有诸多弊端，但是小公司没有大公司的层层官僚体制。在小公司你可以更大限度地发挥自己的才能，更多一些自由，可以独立工作，更容易给自己做一个准确的定位，关键看你是否已经从小公司里发现了这些优势。

更方便了解企业家的特征。在小公司更容易直接接触老板，和老板共事，直接听任老板的指挥，直接观察老板的行为风格，也更方便你了解企业家的特征。如果你不想一辈子做个打工者，从小公司老板身上你会学到很多实用的东西。

更易于找到最好的工作方式。也许你在开始一个项目的时候，老板却改变了当初的决定。你可以把自己的想法直接报告给老板，寻找更好的工作方式。在大公司即使是错误的指令，你也无法更改。这也是为什么大公司会有致命的决策失误，而小公司却少有这样的严重后果的原因。

收放自如，更易于适应任何环境。小公司的权力往往比较集中，一旦出现新的市场契机或不利形势，小公司可以立刻作出反应。你会在这样的变化中成为一种控制型和交际型的人才，这对你个人的发展大有裨益。

与老板和同事的交往较为温和。在大公司里，因为员工繁杂，大多数人只是认识并不交流，给人一种死气沉沉的气氛。在小公司里，大家更能感觉到一个集体的归属感，和老板与同事的交往也较为温和，不像大公司那样冷冰冰。

更有机会增加你的工作价值。小公司的结构比较随意，职位调换也较为容易。你应该抓住一切机会了解自己的职位和自己的职业领域，想办法扩大自己的责任范围，施展自己的才华。你的创造力和进取心会让老板对你另眼相看，你也会在小公司获得更大的满足感。

第九章
取悦老板

1

让老板知道你的功劳

努力工作，却无人知晓；一样的功劳，却比别人少了酬劳；死心塌地，却没得到一次老板的表扬。面对这样的窘境，你千万不要仍然默默无闻地“忍气吞声”，要想办法向上司表功，要让老板知道，你不是吃闲饭的人，你还有一个好脑袋还有无数个功劳，还有无限的发展潜能。记住，老板喜欢能干的下属，出现纰漏不要轻易去找老板，解决问题之后再向他及时汇报，老板喜欢“捷报频传”，老板也喜欢你拿老板当回事儿，让他有个当家做主的感觉！如何合理地向上司表功是每个职场人士的必修课，以下的步骤会帮助职场女性获益匪浅。

开门见山，先说结论。向老板汇报工作，最忌讳的是把大部分时间用来描述你所做事情的经过，老板没那么多时间听你啰嗦，更不愿意你在那里炫耀自己。直接将工作的结果告诉他，这是他最关心的事情。

时间充裕，讲明过程。在时间允许的情况下，你可以进一步说明你工作的过程，但一定要详略有致。切忌一人包揽所有的功劳，上司的英明决策，搭档的切实帮助，都是述职时不可或缺的内容。

报告简洁，署上大名。有必要做书面报告的话，一定要做书面报告，而且要像做毕业论文一样认真细致。为节省老板时间，文字报告要简明扼要、一目了然，还要卷面整洁、大方、美观。最后，千万别忘了署上自己的大名，否则"功亏一篑"。

不求马上得到回报。工作汇报完毕之后，就期望甚至表现出马上就想得到回报，这只会破坏刚刚留给老板的好印象。急功近利的下属是老板最不喜欢的，做一点贡献就伸手要报酬，这是他反感的事情。

把工作成绩向你的老板报告之后，你还有必要告诉你的同事。一方面可以让大家一起分享你的成绩，另一方面，你还要把一部分功劳归于他们，让自己得个好人缘的名声的同时，也能创造"舆论"，让同事们知道你的才能，有助于你日后与人竞岗时，拉到有效的支持票。

2

怎样得到老板的重视

能得到老板的重视，是你能否在职场中顺利发展的关键要素。老板看重你，你可能会担负更为重要的职责，会得到额外的红包，会在年度会议上被点名表扬，也会有升职加薪的机会。老板要是看不上你，你就是累得脱了皮掉了肉，也不过一个小兵，随时有被炒鱿鱼的危险。但是也不要因此过分紧张，那些对领导献媚讨好或者尽量避开领导以免暴露不好的表现都是错误的做法。当然，为了一份工钱，甘心被领导“潜规则”就更要不得了，不要用尊严换取别人的施舍。

努力让自己具备过硬的职业技能。老板要是帅，你就是兵。没有哪个将帅喜欢羸弱的士兵。职场就如同战场一样，你的才华和技能是你的老板赢得财富、名誉、地位的筹码，只有精兵强将才会受到老板的欢迎，往前冲吧！

揣摩老板心理特点，主动与之接近交流。所谓曲高和寡，老板在高处，其实也很寂寞，因为下属往往对他敬而远之。据心理学研究表明，交往频率对建立人际关系具有重要作用，回避领导，排斥和领导交往，都是不明智的做法。只有主动、积极、合理地交流，才能给老板留下更多好印象！

下属服从上级是最基本的职场组织原则，对于老板的决策和命令，要不折不扣地予以执行。如果发现老板的决策有错，也要视场合、时间还有领导的情绪，提出供领导“参考”的建议。记住，你要是让老板没面子，老板就会让你没票子。

别让老板看你不顺眼。老板在某种程度上一定会平衡下属的物质利益。因此，不要在物质上过多地向老板要求，除非你已经有了新的准老板。另外，在老板面前锋芒毕露，就等于在曹操面前做了个杨修。收敛一点，谦逊一点，就算我们有真本事，现在不还在人家屋檐下吗？

老板是什么？老板是那个最希望工作早点做完、钞票早点赚回的人。所以，提前完成工作是让老板器重你的不二法门。主动要求新的任务，及时报告已经完成分派的任务，这都是让老板喜笑颜开、永不失手的方法。

3 赢得老板的认可

要想在公司中稳步发展，获得晋升，增加薪水，肯定离不开老板对你的认可，否则即使你有多大的本事，也得不到重用。作为一名精明的职场人士，不能坐着等老板的认可，而要主动出击创造机会，赢得老板的认可。通过对工作的尽心尽力，通过对老板的忠诚爱戴，通过与老板合作的协调融洽，让老板从你的各种表现中，知晓你对公司的贡献，体会你对老板的忠诚，从而认可你的工作和态度，在心里接受你、容纳你、倚重你。

很多人在一个公司待了很长时间，却从来没有和老板正面交谈过，要是有交谈也只是听老板安排任务，然后中规中矩地向老板汇报工作，这种极为生分的感觉，不仅让你觉得老板陌生，老板也会觉得你陌生，这样你怎么能有机会获得老板的认可呢？因此，要设法接近老板，和老板正面接触，尽量在工作范围内取得和老板适当交流的机会。

现在很多年轻人喜欢给老板提意见，以为这是参与公司的发展，算是对公司负责。但是老板并不这么想，开始时老板还能接受，但时间久了，老板会很反感下属对他的指示总是指手画脚。所以，提建议征询老板的决定可以，但是提意见，还是避免的好。

作为一名下属，一定要有这样的意识，下级服从上级是职业操守。就像军人的天职就是服从一样，如果违背老板的意思，按照自己的意愿行事，就算小有成绩，也不会得到老板的认可。

对老板的指示，不管任务完成没有，都要在适当的时间向老板汇报工作进展情况。工作出现困难，如果自己无法克服，也要及时请示老板，听任老板的指挥；工作无法完成，不要延误时间，立即向老板汇报，给老板及时调整的机会。

老板也有老板的苦恼，上司也有上司的难处。因而老板偶尔向你发发火，给你脸色看，也不要太有压力，而要设身处地为老板着想。不反抗、不委屈，等老板情绪稳定之后，他会对你的“宽容”心存感激。

4
与男老板的相处之道

与老板相处是一门艺术，与异性老板相处则在艺术之外，还需要一些技术，尤其是职业女性。如果和男老板相处不融洽，或者相处不当，会严重影响到自己的工作，甚至是未来职业生涯的发展。因此，职场女性一定要慎重对待和男老板的上下级关系，要把握好彼此间的距离，要懂得对方的心理，还要设法赢得男老板的“青睐”，不但不让自己的利益受损，还能得到重用。

漂亮的女人，人人都喜欢，男人就更不例外了。因此，你要尽可能把自己打扮得漂亮一点，漂亮又有能力，获得老板的重用就不成问题。如果不够漂亮，至少要有得体的衣着，精心涂抹的妆容，还有开心快乐的微笑。当然过分的装束，浓妆艳抹，这只能起相反的作用。

美丽的女人更受男人的垂青。美丽和漂亮不同，美丽更多的是来自于内心的修炼。自信、有思想、有主张、善解人意、宽容、温文尔雅，这都是美丽的元素。在修饰外表的时候，不忘记把更多的时间用来修养内心，才能成为美丽的女人，才能获得男老板的赏识。

男人更愿意倚赖自信的女人，在残酷的职场竞争中，老板在心底是把自己的发展寄希望于他的下属的，下属自信、有能力、能为他分忧，他也会充满信心、底气十足；下属无能、软弱，遇到麻烦事就退缩，他自然沮丧、失望。所以，职场女性要有足够的自信心，这才能得到男老板的器重。

对女性而言，自尊尤为重要。那些在职场中为了取得晋升的机会而铤而走险的女性不是没有，但是破坏家庭、破坏公司运转规则的谴责却如影随形地跟在她们身后。冷静后的男老板其实根本不会尊重这样的女性，他们在达到自己的欲望后，往往会抽身而退，留下悔恨交加的年轻女孩，独自品尝失去尊严的苦果。

女人只有拥有自强的精神，才能拥有远大的抱负；有坚韧的意志，才能更有动力去不断学习、充实自己；才能在无形之中，提升个人的魅力指数。而只有这样的女强人，才能获得男老板给予的机会，才能有条件站在施展才华的舞台上。

5 如果你是女秘书

最让职场女性头疼的职位就是女秘书。因为工作关系，女秘书不得不整日周旋于老板的周围，不但要听从于老板的一切号令，还要随时防范自己的言行，避免引起老板的嫌弃的同时，还要避免引起同事的嫉妒。人在职场身不由己，如果你不幸就是女秘书中的一员，你就要更加言行谨慎，经常自我省察，避免引起别人的闲言碎语，破坏公司和老板的形象。当然，更重要的是，做好手头的工作，保护好自己的尊严，还要抓住自己的饭碗，更不能因为一时不慎，身败名裂。注意以下几种行为，或可帮助你在女秘书的道路顺利通行。

不要代作决策。秘书是老板身边最亲近的人，但是这并不代表着你有权利代替老板作出决策。越权是任何管理者都防范和不容的行为。

要对机密守口如瓶。秘书常常会随同老板参与重要会议，也有机会接触重要文件，知悉公司的重要机密。身为秘书，要对公司的机密守口如瓶，不要在任何场合对任何人透露公司的信息，否则很可能会给公司造成巨大损失。

切忌以二老板自居。老板常因工作忙碌而让女秘书代为传达指令，但这不表示秘书有权发号施令。当需要向同事传达指令时，最好以老板的名义打印成文件，直接分发给各个部门，当面传达会给人二老板的感觉，这会让大多数同事对你敬而远之。

不可自我膨胀。因为女秘书是老板身边的人，和老板接触的机会多，常被认为是老板的心腹。在这种情况下，身为女秘书的你千万不要自我陶醉、自我膨胀。这种姿态只会让同事对你冷眼相待。

切忌和老板发生恋情。老板会爱上女秘书，多半是因为老板的家庭或老板自己出了问题，而不是你真的有那么大的魅力。所以，身为女秘书的你千万不要越雷池半步，可以做老板的倾诉对象，但千万不要成为他的红粉佳人，否则迟早有一天会沦为被扫地出门的可怜虫。

对老板的家务事说“NO”。老板因工作忙碌，会将一些家事交由女秘书处理，如果只是偶尔则可以接受，如果太过频繁则完全可以说“NO”。女性丢了工作不要紧，丢了尊严就非常要紧了。

第十章
遵从上司

1

与上司相处的原则

公司是一个集体，一个团队。这个团队里有上级、同事、下级关系，每个关系中都有一定的相处原则，如果违背原则，则很快就会处于被动；如果按原则行事，就算不会有大的发展，至少也不会有大的错误。因此，作为一名员工，一定要了解与各种关系相处的原则，尤其是和上司相处的原则，因为上司掌握着你在公司中的就职、提升、加薪的生杀大权。

了解原则。不了解一个人，在言行举止上可能就不会得到别人的认同。因此，在公司里作为下属的你，一定要了解上司，了解他的人品、爱好，了解他的工作能力和工作方式，这样你才能迎合上司，和上司相处融洽。

关系适度原则。同上司之间的距离既不能走得太远也不能走得太近，关系太远，彼此陌生，不利于你在公司的发展；关系太近，私人关系密切，等到上司担心他的隐私外泄时，你的职位就难保了。

汇报原则。作为下属应当经常向你的上司汇报你的工作情况，使他及时掌握工作领域的动态、现状以及面临的问题。

服从原则。公司是一个团队，团队成员应该服从团队组织者的领导，这样整个团队的组织活动才会正常进行。个人利益一定要服从组织利益，下级行动一定要服从上级指示。

尊重原则。上司能够成为上司，必定有他的过人之处。因此，不管他长相如何、品貌怎样，也不管他管理方式是否科学、为人处世是否得当，你一定要尊重他，别在同事面前贬低他，更别当面顶撞他、诋毁他。

理解原则。所处的位置不同，承担的压力不同。员工有员工的辛苦，但是上司也有上司的难处，多站在对方的角度思考问题，或许你心里就会坦然很多。

分忧原则。能够为上司分忧的员工，一定会得到上司的倚重。关于分忧，要做到两点：一是在向上司汇报工作时同时提供解决方案；二是在上司遇到难题时，主动以适当的方式向上司提供精神、智力、体力上的援助。

2

和上司相处的艺术

与人相处要讲究一定的艺术，这样才能不遭人厌烦、被人接受、赢得别人的尊重、获得真诚的友谊、保持彼此的融洽关系。身在职场，更要懂得与人相处的艺术，因为人际关系往往决定着你在职场发展的顺利与否。人际关系处理得好，你可以平步青云、飞黄腾达；人际关系处理不好，你可能处处都吃闭门羹。与上司相处，则更要懂得相处的艺术，因为上司在每个职场人士的事业道路上，都是最为关键的人物。

上司错了，要懂得应对。不要当场指出上司的错误，人活一张脸，树活一张皮，错误是小，面子是大，你让别人丢了面子，人家就会让你丢了饭碗。错误不大，就忽略之；错误很大，要在合适的时机用合适的方式告诉他。

不要比你的上司穿得还好。俗话说："佛靠金装，人靠衣装。"穿衣打扮不只是为了保暖好看，还是身份和地位的象征。如果你穿得比领导还像领导，很可能会引起领导的反感。

要懂得向上司表示感恩。向上司表示感恩，让他体会被感激的满足，这有助于你和上司加强沟通、增进感情，有助你赢得上司的尊重、好感和支持。上司会在兴奋满足之余，给你提供更多的关照。

要主动和上司打招呼。很多职员，尤其是女性，一看到上司就吓得躲在一边，或低头走过去，这不是上司想要的最好状态。应该主动面带微笑向上司打招呼，条件允许的话，简单问候几句，更有利上下级关系的融洽。

报告里增加一份概要。上司每天要处理很多事务，看着你的长篇工作报告就头疼，如果能在报告里增加一份简明扼要的说明，让上司有条件在最短的时间里了解最重要的信息，这样你在上司的心目中一定会有难得的好印象。

和上司汇报工作时，要排除其他干扰。正和上司汇报工作，手机来电，你去接电话；或者你的下属找你签字，你掉头处理自己的事务，这都是不尊重上司的负面行为。

当你的顶头上司在会议上作工作汇报时，你一定要专注于听讲，并且眼睛直视上司，露出支持和肯定的表情。如果低头做其他事情，或露出不屑一顾的表情，都会让上司觉察到你对他的不尊重。

3
如何与上司交流

作为下属，如何能和上司有一个不错的交流氛围，对工作，对自己，都有很大的好处。对于工作来说，良好的交流，可以毫无偏差地理解上司对于工作的期望，准确地执行任务或安排下属开展工作，也可以让你的工作汇报更适合上司的喜好；对于个人来说，有效的沟通，能让你们形成一种友好的默契，对于你开展工作、获得晋升、业绩鉴定等都有帮助。

一定要理解上司希望下属做什么。如果不理解上司的要求，就不能正确地执行或传达指示给下属；指示中存在疑问或不明确的地方，要当时询问清楚或得到澄清，千万不要等出了问题才和上司扯皮，那是很糟糕的后果。

要确保上司的指示具体明确。不要顺从地接受一个笼统的指示，上司错以为你能会意，而你在没有会意的情况下又不敢多加追问，结果造成工作完成状况并不如上司所想，还不如在开展工作时就询问清楚。

有权利向上司提出不同意见，但要在合适的时机，在合适的范围。很多情况下，员工反而比上司对工作任务有更为细致的了解。因此，当发现上司的指导不利于工作的顺利进行时，应该及时向上级说明情况，并提出不同意见，最后请上司做最终决定。

为了从事上司所要求的工作，在资源方面管理层获得一致意见。部门上司可能被告知某项工作极为重要，而后却被斥责在完成这项工作方面花费了更多的时间。你要知道，在衡量工作的重要性方面，上司打算分配给工作的资源数量，与口头承诺，相比是更好的指标。

向上司汇报工作与活动的结果是一项重要任务。因此，作为下属一定要确定上司希望什么时候看到结果报告，以什么样的形式。如果上司还需要向他的上司报告，你一定要预留出他的报告时间。

上司的办公时间很紧张，要有效率地向上司陈述工作结果。陈述时应传递主要信息，包括任务完成情况、结论和以后的建议；如果有必要，还要列出实物和图表；更为详细的内容，做成书面报告，交由上司更加深入了解。

4

上司“不合作”

幸运的职业人士拥有三个必备条件：自己喜爱的工作，呵护自己的家庭，支持和赏识自己的上司。在这三个条件中，工作和爱人你可以按照自己的意愿选择，但上司是无法选择的——你进入公司后，上司就已经确定了；就算你在职期间，公司要更换你的上司，有决定权的也不是你。如果运气不佳，遭遇了一位“不合作”的上司——不是对你无端地指手画脚，就是指令含糊不清，或者推托责任，那你该怎么办呢？是委曲求全，还是爆发后离开？这两种不明智的方法只有一个结果，那就是委屈了你自己，记住这样一句话：当你无法选择老板时，你可以选择做事的方式。

直接向上司提问。通过直接提问，简单、明了、快速地了解上司的真实意图，获得更多的对自己有利的信息，也能有效地防范不合作的上司指责你办事不力。

最好在上司布置任务的时候，随手用工作笔记做个记录，这样上司就不好说你没有完成既定任务，或者把应该别人完成而未完成的事情推脱到你的身上来。

向上司提供多种选择。有的上司很爱吹毛求疵，事情做好了，还觉得不够完美，或者本来应该结束的事情，还要你继续深入进行。面对这样的上司，你应该事先做好多种准备，当他提出额外的要求时或对已经取得的结果不满意时，你可以给他提供多种选择，为自己节省时间和精力。

因为顶头上司的犹豫不决或私心，你的有效决策、设计方案有可能不能被呈递到作决策的领导层，你可以在先跟上司汇报而未见回音之后，在公司会议中，或“偶然”与领导层碰面的时候，谈谈自己的看法。

忙碌的上司经常无暇审阅你的工作计划，或者一时不知是否下决定实施你的方案，面对这类“不合作”的上司，你可以采取先入为主的方法，先做一部分工作，等到上司不再忙碌的时候，向他汇报工作进展，或者用事实来说服上司支持你的方案。

5

主管抢了你的功劳

职场竞争激烈，每个人都想得到上司的宠幸，赢得更高的职位，获取更大的利益。有些上有老板、下有强兵的主管，他们业务能力不强，管理能力差劲，就在抢占别人功劳上用心良苦。如果你遇到这样的主管，千万不能忍气吞声，这会使你的业绩都成了别人身价的筹码，而你在老板眼里却是一文不值，致使职业生涯前途一片黯淡。因此，功劳被抢的女士，要采取积极防范和应对措施，尽量不要给别人创造抢占功劳的机会，努力捍卫自己的权益。

将自己的工作任务和完成情况做成书面文件，有机会就请主管过目，一则显示自己工作认真细致的态度；另一则让主管知晓你已经将工作细则记录在案，他会有所顾忌，也就不敢再动抢你功劳的心思了。

用公司专用的邮箱向主管递交工作完成事宜，并且寄一份副本给更高层的主管。通过网络邮箱传送文件，时间是没有办法更改的，这是你辛苦工作的证据。

平时没有和高层领导接触的机会，就在公司员工会议上踊跃发言。当然，前提是你能提供一些解决问题的方法。不管可行性是否通过，至少让高层领导知道你曾用心努力。另外，如果你能提供极佳的方案，受到高层的关注，恐怕主管是再也不敢抢你的功劳了。

开通一个工作日志，每天都把自己的计划和完成的情况记录下来，并且通过各种渠道让你的同事和上司有机会访问你的日志。这样你不但可以记录自己的工作成绩，还可以让你的这些成绩公之于世，主管也就不敢欺世盗名了。

当然，有时候你有必要着意把自己的成绩添加到主管的功劳簿上，这就需要你见机行事、灵活变通了。

6

上司责怪你，给你脸色看

上司批评你，跟你发火，给你脸色看，这都是职场人士最不愿意面对的事情，尤其是女士，遇到这样的情况时，往往苦恼万分，不知如何是好。去跟上司解释吧，上司会认为你心眼太窄，心理素质太差，这么点儿打击都受不了。不解释吧，总觉得如芒在背，坐卧不宁，寝食不安。凡事最忌讳的就是消极态度，就算遇到再复杂的事情，也要积极应对。上司也是人，他对你有这样"恶劣"的态度，一定是事出有因。你该动用你聪颖的大脑，找到应对方案，积极化解。

经过分析，确认是在某件事情上被上司误解，找一个合适的时间，比如没有别人，比如上司心情不错，将那件事情的原委从头道来。上司明白了事情经过，也就不会再对你心怀不满了。当然，一旦上司明白是他的误解，你就不能再行追究了！

如果被误解的事情还有机会通过其他渠道让上司了解真相，那你就不要做让上司明白是他犯错的努力，没有人愿意被人指出错误。所以就算道明事情原委，也要十分注意措辞，将责任拉到自己身上，比推给上司更容易改进彼此关系。

弄清上司责怪你的目的，有时候上司将你视为亲信，让你替他背个黑锅，撑个脸面，这时候你该高兴才对。因为你已经是上司眼中值得信任和倚重的“自己人”了。

如果你的上司频繁找你麻烦，动辄在公众面前斥责你，那你就该意识到上司正在排挤你的问题了。还有挽回的余地吗？是误会，还是无法化解的仇怨？是保住自己的饭碗，还是维护自己的尊严，你得仔细斟酌，做出最好的选择。

上司给你脸色看，千万不要向同事诉苦。上司对你有误解，同事也不好表态，他巴结上司还来不及，怎么会在背地里批评他，讨好你呢？如果是你的失误，同事若能指出来，恐怕你自己也早发现了，不要给同事留下办事不力的印象，也不要给他们创造向上司打你小报告的机会。

把自己当成旁观者，从各自的立场上考虑问题，宽慰自己，也包容别人，也就大事化小，小事化无了。

7

当你的同事成为你的上司时

同事就是一起做事的人，你们合作、竞争，但也平等。可是，当你的同事成为你的上司时，情况就发生了变化。看到昔日和自己平起平坐的搭档，转脸就成了可以指挥你的领导，心里那个滋味，一定是翻倒了醋瓶子，还打翻了油罐子。女士有这种心理其实很正常，但是千万不要把情绪带到工作上来。要知道，她一旦成为你的上司，就有了对你的生杀大权。想要保住你的饭碗，你就得忍气吞声。当然，你的搭档成为你的上司也不是没有好处。

同事晋升为上司，一定有她的才干和度量。除了要及时改换自己的举止言行，要让自己站在下属的位置上之外，还要理解和支持她的决策，并且尽可能配合她的工作，为她分忧。所谓肥水不流外人田，表现不错，昔日的同事或许会把肥差派给你。

不过有的女士确实是通过其他手段登上了领导的宝座，她可能气量狭窄，甚至有点蛮不讲理。为了在你面前显摆她的威风，对你颐指气使，或者故意刁难你，你就不能坐以待毙了。委婉地向老板申请换个部门，可以让你免受欺凌之苦，还能继续在公司工作。

切忌不可向老板告状，尤其是当着其他同事的面。毕竟是老板提拔了她，你对她的任何指责，都会让老板成为间接的承受者。不要让自己再多一个敌人，尤其是老板。

申请部门不成，遭受折磨不断，你就应该考虑离职另谋高就。但是要以平常心，以除此之外的其他任何适当理由。你当年的同事那么有报复心理，你不必因为一时痛快而给自己的前途埋下地雷。再说，如果你再回来呢？别把后路堵死了，记得那是你的路。

努力提升自己，其实是你应该抓住的最大的救命稻草。如果你的同事有真本事，你要以人家为榜样，不断提升自己；如果你的同事是靠其他手段成为你的顶头上司，你自然不必心浮气躁，而应该脚踏实地，充实自己，修炼自己，是金子总会发光的。总有一天，大家会知道，比起你的“上司”来，其实你更优秀。记住，职场中起起落落的事，并不稀奇。

8

坦然面对后来居上的上司

他以前还不如你，你的工作业绩一直比他高；他是后进公司的，他进公司时，你在公司已经休过3次年假了；他原来是你的下属，怎么这一次突然就爬到你的头顶上来了……面对后来居上的上司，心里总有那么一些疙疙瘩瘩。后来居上有三个原因：一是水平比你高，那你还不赶紧提升自己；二是有后台或后台比你硬，那你认了吧，辛苦工作，让自己变成别人的后台；三是负责提拔的领导看走了眼，看走眼的是他，又不是你，你着什么急。不要把不甘心的情绪带到工作中来，带到面子上来，带到两人相处的气氛中来，那样对你是没有任何好处的，以下做法较为明智。

坦然接受新变化，找准自己的定位，适应新上司的工作风格，配合新上司的工作。不管他是什么来头，你的表现都应当让他心服口服。就算实在放不下你的那种心理不平衡，至少表面上要有宽广胸怀的表现。

没有人会拒绝自己的爬升，他爬到这个位置上来，完全是为他自己，只要他没有直接伤害到你的利益，你完全不必让自己的生活中，多一个不可容纳的人。

找机会和新上司面谈，暗示自己并不排除异己，消除彼此可能存在的误会。如果没有长谈的机会，通过电子邮件留言或写信，都是较为方便的沟通方式。认同别人，你也就多了一个认同你的人。

新手上任，底子可能还不如你，你应该设法帮他开展工作，渡过难关。毕竟他曾经不如你，你现在帮他一把，作为你以后的上司，他也会照顾你。

面对现实，调整自己的思维方式。不要再想他为什么年纪轻轻就坐上了自己熬了这么多年也没坐上的位置，不要去想他的能力够不够，更不要到上级那里表示自己对权力分配的不满。你不会从这样的做法中获得任何好处。

如果实在无法容忍他和你一起共事，那你就想办法，调离原来的岗位，到别的部门去任职；还有一个办法，让他高升或让他觊觎别的部门的位置，都会让你那不平衡的心理状态得到客观上的调整。

第十一章 和睦同事

1

与同事交往的原则

每个人都有自己的好恶，但是不应该把这样的“本能”带到职场中来。如今的职场不同于网络，尤其是在IT界、新闻媒体、律师事务所等聚集了高文化、高素质青年才俊的地方，同事间多了一份理性的相处，少了一份盲目的排斥，大家更关心的是如何通过最佳的合作，达到最有效地利用资源。尤其是人际关系方面，几乎所有的人都经过或多或少的培训。一个在和新同事的交往中不懂得“游戏规则”的人，必然不能受到大家的欢迎和认可，就算是表面上还会接受你，但是实际上你已经损失了一大部分“人脉资源”。以下5个交往规则，带您拨云见日。

交友有度，不过问隐私。年轻人的生活方式、思想观念都较为前卫，他们都不喜欢让别人知道自己的私事，隐私对于他们来说是不可侵犯的领地。因此，你千万不要出于好奇之心，探寻人家的秘密，这会被认为是一种极度无聊、没有修养的行为。

不要把个人喜恶带入办公室。你有自己的喜恶，但不要带入办公室。你的喜好是你的喜好，和他人无关。不要对别人喜欢的事物加以批驳性的评论，惹恼别人，这也不是你希望的结果。

寻找亲近的乐趣，增加亲密度。年轻人工作之余，往往喜欢三五成群地到酒吧放松，到郊外旅行。不如和同事一起分享业余时间的休闲娱乐。办公室外面，总能增加同事间了解和亲密感。

不要拒绝做他们的生活伙伴。同事虽然有利益之争，但也有相通之处。互相之间，也需要帮忙，更需要搭伴。不要抱着不相往来的心态，拒绝他们成为你的生活伙伴。当然，要有度，这种交往只介于办公室外，在办公场所，不要因为你们是生活伙伴，就拉帮结伙。

经济往来，AA 制是最佳选择。同事之间，难免会一起吃饭，一起郊游，一起购物，经济上往来较多。不管对方收入情况如何，都要主动采取 AA 制结账方式。即可避免小气，又可避免吃亏。经济问题，关系到每个人的切身利益，还是明算账的比较好。

2

同事间不可做的事

很多时候，我们不能在职场上取得成功，尤其是在人脉关系的简历上失败而归，不是因为我们没有做什么，而是因为我们做了不该做的事，说了不该说的话。言多必失，你不经意的一句话，伤害到了对方敏感的神经；做事当三思而后行，莽莽撞撞做出来的事，也侵犯到了对方的利益。就这样本来很好的关系，突然就冷漠起来；本来精心织就的一张关系网，顷刻间就支离破碎了。处理好同事之间的关系说难也不难，说容易也不容易，关键是我们一定要掌握一个尺寸。以下总结的是一些专家针对在同事间不可做的事的精辟见解，希望能对你有所助益。

不要在背后议论他人。不负责任的议论，不仅失去了交往的意义，还会伤害同事间融洽的感情。特别是在人多的时候，诉说别人的短处，人多嘴杂，传到当事人耳朵中，会严重破坏你们之间的关系。

不要太直接地跟对方交流。有些人天生比较直率，想到哪里说到哪里，听到哪里说到哪里，这在职场中是非常忌讳的。话到嘴边留半分，不是每个人都希望听到真心话，也不是每个人都能接受真心话。真诚并没有错，但是憨直会造成不良后果。

不要显露有恩于别人。同事之间总会有互相帮助的地方，你可能会对某个同事帮助比较多。但是不要总是显露出有恩于人的态度，这会让别人有总是欠你人情的感觉，或许还会有怕别人觉得他没有能力的担心，这些负面的情绪，都不应该是你这个“恩人”给他的。

不要忘记别人的恩德。自己对别人的帮助不要念念不忘，但是别人对自己的恩德却要长挂心头。无论得到谁的帮助，无论获益多少，都应当在适当的时候表示感谢。接受感谢的人，会增加对你的好感，这对建立彼此间的友好关系大有裨益。

不要说穿别人的秘密。有的同事可能和你关系比较近，至少他认为你是一个值得信赖的人，所以他才会把自己的一些私事告诉你。听完之后就放到脑后，千万不要有意无意地说穿人家的秘密。

3

如何与同事友好相处

女性的内心情感比较细腻、敏感，这在某些方面当然是好的，但是也有不好的时候。比如在和同事的相处时，由于女性特有的敏感和脆弱，使得办公室人际关系成了女士在工作中受到心理压力最大的一个因素。因此，如何处理好与同事的关系非常重要，有时候与同事关系的好坏与否，还是女士在某家公司去留的关键原因。其实，与同事相处并不难，只要遵循几个必要的原则，你就会拥有轻松的办公环境了。

对待同事要诚信、热情。虚情假意和自私自利最终会成为别人鄙薄你的谈资，没有一个人傻到可以被别人彻底蒙骗，只有诚信才能赢得别人的尊重和信任。另外，在同事需要帮助时，一定要伸出援助之手，幸灾乐祸和落井下石的表现和做法，自己也会受到相应的惩罚。

如果有同事做了对不起你的事，说了伤害你的话，你要以宽宏大量的态度谅解对方。你给别人台阶下，对方也会给你台阶下，甚至还会为你铺路搭桥。抓住别人的小辫子，等于把自己往死胡同里送。

女士最喜欢搭伴合伙，这在职场中却是要不得的。过分亲近一些同事或疏远另一些同事，会给别人压力，也会让另一些同事排斥你。当然，在办公室讨论别人的是非更是要不得的。老话说："东西越捎越少，话越传越多。"嚼舌根子的女同事可不会受人欢迎。

俗话说："良言一句三冬暖，恶语伤人六月寒。"语言是一把双刃剑，说得好，能够创造良好的人际关系；说得不好，会严重破坏你给他人留下的好印象。与同事交往，尤其要注意说话的方式，少说多听是与同事交流的不二法门。

不要在女同事面前炫耀自己的能力、美貌、财富、快乐，女人天性的嫉妒心，会让你的炫耀成为她们的眼中钉。多羡慕别人，少夸耀自己，这是和女性同事交往的规则。

工作在忙碌，也要休息和放松一下，每天利用这一点儿时间，和同事谈谈工作以外的事情。如明星的八卦、新闻的怪事，话题虽然无益，但日积月累，能够有效增进和同事的感情，并及时交流彼此的信息。

4

如何赢取同事的心

如果能赢取同事的心，对你个人的生活，对你职业的发展有很大好处。融洽的同事关系，会让你对办公环境多了一份亲近之感，而少了许多厌恶情绪；融洽的同事关系，对你职场晋升也大有好处。一个被人评价好的人，在任何竞争中都会处于优势地位。同事也是人，人心都是肉长的。在有知识、有文化的同事中，小气、苛刻、坏蛋所占比例还是很少的。所以，何不用自己的诚心实意，去赢得同事的欢心呢？你好，他也好，大家好才是真的好。以下是一些与同事搞好关系的建议，试试看，一定会有不错的效果哦。

用微笑对待每个人。不论是门口的保安，还是实习生，对面的男同事，公司的总经理，当你们面对面时，一定要用微笑对待他们。浅浅的微笑，轻轻的颔首是女性最有魅力的姿态，也是轻而易举攻破别人防线的有效方式。

聚精会神地听别人说话。注意别人说什么是使他向你敞开心扉的最佳做法，很遗憾很多人在这方面都做得不够，或是根本就没有留心到这一细节之处。小细节有大用处，让别人舒服比让别人不舒服更有利于你们关系的融洽。

有原则但不固执。很多人是有自己的处事原则的，但是在和同事的交往中，有时候又需要放下自己的那些原则，不要固执地以为自己的原则别人一定要遵循。作为职场中人，处事要灵活，过于因循守旧，反而让别人不敢接近。

主动热情地给予帮助。没有人穷到不可以帮助任何人，也没有人富到不需要别人的帮助。主动热情地帮助需要帮助的人，你的热忱会赢得人家的好感，让你更具亲和力，而对你的感激则会让你在以后的活动中，同样也得到人家的出手相助。

轻易不承诺，承诺要守信。与人相处，最重要的还有一个“信”字。在和同事交往中，是否守信更为重要。答应别人的事，怎么困难都要完成；如果觉得自己无能为力，就不要轻易答应。“人而不信，不知其可也。”违反诺言的人，是无论如何都不得人心的。

5

让同事和你合作的技巧

一个人的一生要扮演很多角色，职场中的女性，扮演的是老板的员工，同事的同事，下属的上级，而在公司这样的大舞台上，无论你是哪种角色，不管你愿不愿意，你都要每天和你的同事相处，并且“合作”。职场中，要在工作岗位上做出成绩，就离不开与他人的合作，能否处理好合作的关系，关系到能否保质、保量完成繁重的任务，也关系到你的经济收入和个人发展。而公司对职员的考察，就算是规模很小的公司，也非常注重团队精神这一项。他们认为，能与他人和睦相处、相互协作，要比个人能力更为重要，而这种观点在大的企业就更为突出了。因此，职场女性一定不能孤高自傲，而要扮演好与人合作的角色。

具备乐观积极的心态。乐观的人充满自信，乐观的人更容易让人接近，乐观的人还能感染别人，让别人快乐，让别人满怀激情。当你和你的“搭档”遇到困难时，不妨对他说，“相信我们，我们是最优秀的联合体，再辛苦一段时间，一定可以达到我们期望的效果……”

要学会与人交流。交流是沟通相互情感最好的方法，由于每个人的知识、经历和能力不同，造成了思维的不同，也由此出现了对待同一件事情的不同看法。不要固执己见，听听别人的想法，尝试站在别人的角度去理解、体会，这不但是解决问题的最好方法，而且善于交流对你的一个益处是，你学到了别人已经掌握了的知识。

勇于接受别人的批评。谁都喜欢别人赞美，谁都不喜欢被人批评。但是赞美是对我们过去的事的肯定，批评才能帮助我们对未来事件的更好把握。勇敢地接受批评吧！这对于提高你的个人能力，加深你和搭档的相互了解，对你在公司里能够创造的业绩和树立的威信都有好处。当然，接受批评并不代表逆来顺受。

具备良好的创造能力是赢得搭档欢心的最好途径，一个业绩泛泛的搭档，会让你的同事觉得功劳都是他的，你不拖后腿算是万幸，这样的搭档不会被人欢迎。因此，在人际关系之外，最重要的是你有能力让你们的组合创造更大的业绩。

6

如何保持职场亲密关系

在单位和同事建立亲密关系并不难，我们经常看到三三两两的同事结伴而行。但是，能够长久维持那样的亲密关系也不是容易的事，所以大家在交谈中也很少把“我的同事”换成“我的朋友”这样的称谓。职场中的各种行为举止，都有可能关系到各自的切身利益，大小事情、绩效的竞争，都会或多或少影响彼此的感情；过于亲密的关系又会在办公环境中产生派系之争；如果担心一些不愿意让更多人知道的“小道消息”流传出去，也会在友谊发展到一定阶段时有所保留。这都是不利于职场关系更加亲密的阻碍因素，怎样维持职场亲密关系，又不会产生负面影响，这是每个白领女性都期望得到的答案。

既然你的同事选择和你友好交往，那么你就要尊重并珍视彼此的这份友谊。绝对不要虚伪地迎合，当面一套，背后一套。

当关系不错的同事和别的同事起争执的时候，你要尽量回避，如果回避不了，又不方便在别的同事面前维护她，也要在背后安慰她、帮助她。

在和别人闲谈时，不要以泄露和你关系很好的同事的隐私，这不但对你的同事不利，听者也会从另外的角度鄙视你这样的行为。

在办公环境中很难深化彼此的友谊，不妨在休息日或假期，约同事到家中就餐或到郊外旅行。这样再回到办公室，彼此的友谊不言自明。

现在网上交流已经占据人与人交流方式的一个重要部分，通过网络，在无人知晓的情况下，提醒她、关心她、赞美她，是非常有效地增进友谊的方式。

重要的节日来临时，要单独给正在放假的她打电话或发短信问候，甚至带小礼物给她。

不要在别的同事面前炫耀你和某个同事的亲密关系和亲密行为。

当其中一人离开共同工作的单位后，更要经常联络，这时候可以完全抛开在同一公司的利害关系，自由自在地把以前的同事变成现在的好友。

7

不要这样对待你的同事

职场不只是努力工作、提高绩效的地方，也是充满竞争、没有硝烟的战场。你的成绩比较好，年终奖金你就拿大头；你的表现比较好，领导可能提拔你。于是乎，我们看到本来关系比较融洽的同事关系，却在这些利益面前，搞得明争暗斗、浓烟滚滚。奖金拿得多，地位爬得高，无非是为了获得更多的金钱，获得金钱的目的是什么，还不是为了有更加满意的物质和更加舒畅的心里享受吗？为了利益问题，搞得同事关系紧张，上班就跟上战场一样，烦恼多，压力大，心里不痛快，这又是何必呢？还是搞好同事关系吧！一个和睦的团队，不也正是你想要的吗？尽管利益相关，但有些事情，还是不要做得好。

有好事不通报。单位里要发物品，或者年底要发奖金，这样的好事如果你早知道的话，应该早通报大家，让大家也早一点高兴。如果知道了假装不知道，或者自己领完，也不告诉别人，明白人看在眼里，记在心上。这样不顾集体、自私自利的行为，肯定是大家嗤之以鼻的。

不要嘴巴上占便宜。有什么话题，把发言权让给大家；有什么争辩，别总想着占上风；开玩笑，最好只是自嘲，或者侧面赞美别人，如果贬损别人则不会受到欢迎。总想在嘴巴上占便宜，给人的感觉是太好胜、锋芒毕露、难以合作。事事都是你的对，别人都不对。大家嘴上不再争辩，心里却绝不低头。

神经不要过于敏感。有警觉性没有错，但是警觉性太高，发展成高度敏感神经，那就于己于人有害无益了。看到别人扎堆议论，就以为是在评论你自己；别人对你的言行，你总是往坏处想。这样的想法，不但折磨自己，也是苛刻别人。

不要拒绝别人的“好意”。很多人还是喜欢和周围的同事搞好关系，打成一片的。于是，一点小小的帮忙，一点小小的礼物，甚至一点小吃，可能就会主动送到你的眼前来。这时候不要清高自傲，拒绝别人的殷勤，一个不愿意和人友好相处的人，别人是不会再主动接近你的。

8

与同事相处的细节

同在一个单位，同在一个办公室工作，搞好同事关系的重要性，相信大家也已经明白。但是很多人可能会有疑问，我一向坦坦荡荡做人，认认真真做事，对大家诚恳相待，对同事爱护有加，为什么我的人缘却这么差呢？同事对我越来越冷漠，其他部门的人好像对我也有看法，这到底是为什么呢？与人相处，重在细节，你在重大问题上、原则问题上、态度问题上中规中矩，但是如果在细节上出了纰漏，这对你在办公室的形象也会大打折扣。尤其是有些小细节，更是办公室最为忌讳的事情，事情虽然不大，但是后果却很严重。审查一下，你是否忽略了这些细节。

找不到东西不声张。办公室是一个公共场所，贵重物品应该锁在柜子里，或者最好放在自己居住的屋子里。如果有找不到的东西，比如文件、书籍、办公用品等，自己仔细找找，不要声张，跟谁都说东西丢了，这样会引起大家的不快。没有拿你东西的那些人，以后也不敢靠近你的办公桌，不敢靠近你了。

领导面前献殷勤。尊重领导，想要让领导注意自己，让领导欣赏自己，这本是无可厚非的事。但是当着同事的面，在领导面前献殷勤，端茶倒水，问候吹捧，先不说是否能取悦领导，同事们是肯定不能“取悦”了。相反，他们会反感你这种献媚。

推脱公司的杂物。办公室是办公的场所，就如同一个家一样，也有一些“家务”事需要来做。打扫卫生、打水、拿报纸等等，这些虽然都是小事，可是小事天天有，如果你从来都是视而不见，甚至有同事提醒你该做杂物时，你却以各种理由推脱，这样的表现会得罪全办公室的同事。

不问别人领多少钱。很多公司给每个人的薪酬都是保密的，一个信封，一张工资单，或者干脆打到工资卡里。你轻易不要询问别人薪酬多少，这会让人家处于尴尬境地：说多了，怕伤你的自尊；说少了，人家也有自尊。别做让人尴尬的事。再说，这是公司的秘密，泄露和探寻都是有违公司规定的。

第十二章
关爱下属

1

具备领导的风度

一般情况下，下属对上司都会有几分敬畏之感，哪怕是在官僚制度并不凸显的私营企业，因为同样存在的利益关系，大家还是不会忽略这种层级区别。作为职场丽人，能够在单位中担任一定的管理职务，负责一部分任务的分配，一部分员工的管理，应该是值得庆幸的事情。但是，身在领导职位，却未必是已经具备了领导才能，如何才能压得住下属，如何才能顺利展开工作，这还需要你的不断修炼，增加自己的管理能力，提升自己的领导权威。要想让下属服从你的安排，首选要具备领导的风度。以下几个要点，可保初登领导宝座的你，新官上任，一切顺利。

不要藐视下属。不管你以前的资历如何，是外调来的管理者，还是从本公司员工级别中拔出来的尖子，面对新的下属时，千万不要自视甚高，藐视下属。时代不同，每个人都有自己独立的尊严，虽有官名，但已经没有惧官的人，藐视下属，只会让大家不服气。

有意识地保持距离。新官上任，想和下属打成一片，初衷是好的，但效果却未必理想，可能还会弄巧成拙。与下属不分彼此、交情深厚，下属就可能恃宠而骄，难免散漫，执行力不强，工作易受阻碍，这对树立“领导”的权威有害无益。

不要与下属过于疏远。与下属距离太远，容易导致下属敬而远之，不能很好地贯彻领导者的思路，或者会偏离领导者的工作重心，使向心力被分散。

要有意识的“接近”一些下属。有些下属总是对领导畏惧有加，新领导上任，会让他们变得紧张，从而更加沉默寡言、谨小慎微，在一段时间里，成了只会听话、毫无主见和创造力的平庸之辈。

要一碗水端平。身为领导，就要抛开对员工的偏爱之情，就算心里喜欢哪些员工，也要视情形收敛这种感情。因为领导者如果明显偏爱一部分员工，就难免会忽视其他人，厚此薄彼，引起其他员工的不满。显然不利于工作的开展，也可能会偏听偏信，被误导视听，阻塞了进谏之路。

2

博取下属的信任

能否博取下属信任是领导管理成败的一个重要检测指标。领导身负重任，一言一行尽在下属眼里，并被视为其可信度的评判标准。如果领导被认定为值得信任，就能顺利下达指令，提升执行力，获得最佳业绩；如果领导被认定为不可信任，就很难与下属建立长期且和谐的工作关系，同时也是对领导个人魅力的一种否定。没有谁不需要别人的信任，身为领导，要想在公司中稳步提升，更是离不开下属的信任和推崇。鉴于此，领导要注重自己的言行举止，并力图做到让下属满意，使工作做到更好。

发展目标要相对稳定。一方面，在一定时间范围内，目标一旦明确并公之于众，就需要制订合理的计划安排、工作程序等，并义无反顾地实施贯彻，勇于承担一定的风险；不可一遇挫折就马上回头，或者朝令夕改，而需要保持其相对的稳定性。否则，会导致目标的混乱、管理的失控等一系列不良的后果。

负责目标的动态变化。目标的一致性不是一成不变的，一旦目标与时代发展的接轨和融合不协调，或者和外部环境发生了冲突，身为领导要主动负责调控目标，让目标在保持一贯性的前提下，还有动态的变化。领导是员工应对变化的主心骨，领导的调控对上对下都是不可或缺的责任。

要言行一致，但不要一成不变。身为领导，保持言行一致极为重要。不可以“说一套做一套”。若领导的言行难辨真假，下属就会我行我素，管理也将失去必要的原则与秩序。当然，这种一致性也同样只能确保于一定的发展时期是建立在现实情况相对稳定的基础之上的。如果事实发生了变化，领导也要善于变通，才能保持进度，跟上企业发展的步伐。

要与下属的沟通协调。当有些下属不能理解领导的制订和调整决策时，可能会对领导产生误会。领导不能因为下属不理解就听之任之，而需要真诚地向他们解释其中原由，不让他们消极怠工或迷茫“上阵”，避免工作效益滑坡。

3
博得下属的拥戴

作为上司，如果能博得下属的拥戴，员工的执行力强，你的管理有效性会更强。下属拥戴的程度不同，还直接影响到管理有效性的强弱。相比西方的企业管理，中国企业管理中的伦埋色彩更为浓厚。因为中国文化是典型的群体文化，在这种文化背景下，被管理者对管理者的要求更高。因此，在中国的企业里从事管理，下属是否拥戴上司，对管理有效性的决定意义更为显著。如何才能获得下属的拥戴，以下几个重点问题需要你高度关注的。

不要批评责骂下属。员工已经犯了错，批评和责骂只是发泄你不满的一种的方式，对于工作的进展，对于员工素质和能力的提高，没有任何好处，有时候反而会有极大的副作用。为自己树敌，或让下属在单位抬不起头来，其实都不是你的目的。

要及时赞美你的下属。如果下属犯错了，他马上就听到了责备的声音；但是下属做对了，却没有听到赞美的声音。这会让他对你的责备不屑一顾，对自己的功过也不屑一顾。一个聪明的领导，应该在下属做出成绩的时候，及时而真诚地给予赞美。赞美是天底下最便宜但又最昂贵的礼物，你的下属一定会倍加珍惜，对你也就百般拥戴了。

鼓励下属成功。你还不妨给下属压上“重担子”。“人的工作任务必须在能力之上。”这是东芝公司总裁土光敏夫的一句名言。挑战性的工作会让参与者在体力与心智上得到锻炼，使他更加能干，并感激上司对他的信任。

找出双方的共识。身为上司，尤其是意见不一致时，与下属交谈是必不可少的。如能以双方都同意的事作为开始，强调你们都是为相同的目标而努力，那不同的方法可能会很容易达成一致。

承担自己的过错。领导也是凡人，不可能不犯错。我们不怕犯错，不怕认错，怕的是认错不当而错上加错。当你错了，就要迅速而坦诚地承认。勇于承认错误的人，别人往往会忽略你的错误，而看重你的人品。当然，认错要选择合适的时机，对象和方式。

4

作为上司的行为风格

每个人都有自己的行为风格，面对不同的人，会有不同的表现；在不同的场合，会有不同的表现；在不同的位置，也会有不同的表现。之前我们只是普通人，在职场中是一名员工，扮演的是员工的角色。一旦晋升到管理级别，我们的角色就发生了很大的变化。这个时候，我们就要改变之前的行为风格，进入管理者的角色，理性地塑造我们的新角色所应该具备的行为风格，这样才能成为一个令人信服的管理者，成为一个成功的管理者。有一些行为风格是作为管理者最为必要具备的，以下几点相信你一定也有同感。

保持乐观的心态。一个积极乐观的团队，才会有较高的工作效率，也会有愉悦的工作氛围。这就需要管理者来带动这个团队具备这样的精神状态，那么作为管理者，首先自己要保持乐观的心态。遇到难题时，不要愁眉苦脸，而要斗志昂扬，这样才能成为大家都愿意跟随的领头羊。

不要优柔寡断。下属最害怕听到领导说，我也没有办法，你说该怎么办呢？在某些方面，下属更不了解公司的真实意图，你的优柔寡断会让下属变成无头苍蝇。明智的做法是，当你真的面临无法做决断的情况时，你先听听下属的建议，让大家想主意，群策群力，你只要从中选取一个最好的办法就可以了。

勇敢面对失败。每个人都有失败的经历，每个人都不能避免失败。作为管理者，遭遇失败也是很正常的事。因此，在处理公司事务中遇到任何挫折时，不要唉声叹气，而要第一个从失败的阴影中走出来。如果你陷入失败的痛苦深渊中，迟迟不能自拔，会让你的下属失去向心力。

不要骄傲自满。某项任务取得成功后，要把功劳让给下属们。如果把功劳据为己有，还常常对此津津乐道，骄傲自满，就会引起下属的反感和不满。再说，总是炫耀曾经的成功是有害无益的，这种行为会让你变得固步自封。经验是需要更新的，过去的成功并不能保证今后的顺利，身在高位，更要谦虚谨慎。

5

管理者须知的细节之处

身为管理者，十几双甚至几十双眼睛都在盯着你。你的一言一行，一举一动，都会是别人评判的源头。因此，更要在细节之处，处处留心，处处小心。别让自己败在无益的举动、细微的小事上，那就有点太冤枉了。以下一些细节是管理者必须了解的。当然，更多细节，还需要明智的你一一审慎处理。

不必高人一等。作为上司只有决策权和领导权，却没有优先权。如果下属把他的提案给你，本来可以作为方案进行，你非要在他的基础上做一个更好的，然后把提案占为己有，优先使用。这样只能挫伤下属的积极性。记住，作为管理者其工作的核心内容是激发下属的聪明才智，应用他们的聪明才智。

不宣扬自己的辉煌经历。每个人都喜欢倾诉，每个人都不愿意倾听，更不愿意听别人吹牛。对于你的辉煌经历，如果有人为你宣扬，你该知足；如果没人为你宣扬，你也千万不要自吹自擂，反复宣扬自己的辉煌经历，反而显得现在无能，这只会让你的下属减少对你的敬重。

警惕让下属难堪。即使是想要表现自己的威严，也没必要非得以让下属难堪为代价。这个代价在他付出的同时，你也会有承担后果的时候。上司应该让下属更为自信，而不是更为自卑，或者更没面子。一个被损伤了尊严的下属，无论如何都不可能再死心塌地追随上司的领导。

保守你的秘密。不管是老板对公司的规划，还是同事对同事的看法，或者是你对某个下属的成见，都作为你自己的秘密藏在心里吧！不要当着你的某个下属，抖落你的那些秘密，还跟人家说，你不要告诉别人。这只会让你用最快的速度、最有效的方法，失去下属的信任。

不要对男下属显示你刻意的关怀。不管对方已婚还是未婚。下属听命了你只是对工作的忠心，工作的热诚，或者只是为了饭碗问题！你过多的关怀，反而会让人家不自在。

6

管理者授权的误区

作为一名管理者，不仅需要专业知识、分析能力和组织技能，更需要出色的人事安排技巧。在所面对的人事安排技能中，你的才智和能力起着至关重要的作用。人事安排已经成了管理者最重要的工具，没有这个工具，你的事业或者项目就难以成功。有很多管理者对工作的授权感到困惑，不知道如何下手。要么就是没时间考虑，要么就是不信任下属，要么就是不知道该如何授权。你是否明白，如果管理者在工作上大包大揽的话，一是你将有干不完的工作；二是你的下属永远不知怎样开始工作和怎样才能有效地工作。以下五点可能会是你在管理活动中会出现的误区：

你不相信下属能够尽职尽责。一个不相信别人的人是无法取得他人信任的。人们经常说“投桃报李”。你的下属会因为你的信任而努力成为一个确实可以信赖的人，而你要做的就是给他们机会。

对下属授权，总觉得自己对任务失去了控制。拥有这种思想的人，肯定是缺乏开放心态的管理者。缺乏开放心态的管理者是无法成为一个出色的管理者。请记住：把握住了人，就等于对事情最好的控制。

认为什么事都离不开自己。不要有太把自己当回事的做事倾向，没有人是不可取代的，如果你觉得离不开你，那你试试看，交代好一项任务给下属，你半个月也不插手，任务一样会圆满完成。

别认为自己能更快更好地完成任务。别总是认为自己亲自动手完成一项工作比授权给下属更快。其实，当你有意识地把工作授权给下属的时候，实际上你既不用为这项工作犯愁，而且你还可以去做其他更重要的事，关键是你还给了下属更多的锻炼机会。

别认为把工作授权给下属会减少自己的职权。权利是个很奇怪的东西，玩转的好有利于你，玩转的不好则不利于你。对于管理，你给下属的自主权越多，你的任务就会完成得越快、越多。相应的，你的业绩好，你的部门以及部门影响力机会扩大，你的权利也会相应扩大。

7
成功管理者的标准（一）

当你身在领导职位时，你一定希望自己是一个成功的管理者，对上司可以拿出更高的绩效，对下属可以作出更好的表率。有很多成功的领导，他们的领导风范各有不同，但他们的共同点是，都能有效地管理下属、完成任务、提高绩效。这些不同的风范，你需在自己的岗位上慢慢摸索。如果说想要知道什么才是成功的管理者，以下一些提示可以成为你对自己最基本要求的标准。

管理者要保持忠诚。要想获得员工对你的忠诚，那你必须自己得对公司忠诚。因此，不要对员工发泄对公司的不满，对他们而言，你就是公司的代表者。如果你需要他们，期望他们在你的手下效力，就要避免在员工面前表现出自己对公司的心猿意马。

管理者要充满乐观。乐观的领导总是乐于听取他人的意见；悲观的领导总喜欢找各种借口推脱责任或放任不管。乐观的领导认为员工对自己有帮助，员工有自己的创造力；悲观的领导则认为员工总是想偷懒、无用、没有前途。乐观的领导可以步步高升，悲观的领导则节节后退。

管理者要热爱员工。管理者的职责就是管理员工，如果他不喜欢自己的员工，怎么能进行高效的管理呢？优秀的领导者应该对员工的工作表现出真诚的兴趣，让员工充满信心，让员工觉得自己容易接近，让员工敢于说出自己的想法。

管理者要鼓舞人心。领导不只是站在下属的面前发布指令的人，好的管理者，应当不断尝试新的方法，并坚信事情总比过去要做得更好。好的管理者，从来不说“我们做不了那样的事”，也不会在员工做错事后，对他们失去信心。他们明白：只有让员工斗志昂扬，才能在面对任务时获得成功。

管理者要纵观全局。称职的管理者不会说“这不关我的事”，当你需要下属为你解忧的时候，你该知道，你应该有过这样的经历：在下属需要你帮忙的时候，你从来不会嫌麻烦而找理由推脱。面对一项工作任务，你的事就是下属的事，同样，下属的事也是你的事。

8

成功管理者的标准（二）

管理者要果断解决。管理者必须有这样的心理准备，在面对某项任务或突发事件时，要在信息准确、判断无误的基础上，迅速而果断地作出解决问题的决定。犹豫不决、优柔寡断，这些都只会表明你内心的不自信，一个遇事惶恐不安的人，怎么能让人尊重和追随呢？

管理者要宽容耐心。以委婉动听的话语待人总比尖刻刺耳的声音要好很多，这是生活当中一个很简单的道理。每个人都不希望自己被训斥，包括我们自己。不要让权利的诱惑蒙蔽了我们的善良之心，当你急切希望完成任务，却又失望之时也要有点耐心。

管理者应当公正无私。员工就是你的十个手指头，虽然他们有长有短，但都有各自的功能。总结成绩、给予提升、增加工资时，千万不要厚此薄彼，不但那些被你“厚”的人不会感激你，那些被你“薄”的人，会联合起来抵触你的管理。

管理者要诚实可信。对于下属来讲，诚实就意味着你所传达的指令应当是公司高层的指令。你告诉大家的结果，也是公司高层期望的结果。如果你从中欺上瞒下，一旦事情败露，恐怕上下不容。只有诚实的人，才是可以被信任的人。

管理者要雄心勃勃。管理者应当信心百倍，对员工的能力也要持认可态度。只有自己具备高昂的激情和充沛的精力，才能激励员工不断进步。管理者的雄心勃勃还表现在敢于适时改变，在不会造成不良后果的前提下快马加鞭，下属也会士气十足。

管理者要始终如一。要做一个情绪稳定、始终如一的人，时而焦躁不安，时而兴奋异常，对问题或紧急情况的反应令人捉摸不定、难以预测，这些不良情绪都会让员工对你缺乏信任感。即使面对难题时，心里万分焦急，也要稳定情绪，面露镇定之色。

管理者要谦虚谨慎。杰出的管理者不需要别人的阿谀奉承，也不需要自己自吹自擂。工作中出现失误，要坦诚以对；取得成绩时，要谦虚谨慎。记住，你的好和不好，你的下属都心知肚明。

第十三章
超越自我

1

提升自我价值

工资少，待遇差，在单位里受人排挤，领导也不重视……这些苦恼其实都可以通过提升我们的身价来摆脱。如果是英语专业八级，如果拿着博士毕业证，如果业绩在公司排名第一，如果外在形象姿态高雅……当这些如果在我们身上实现一二时，我们一定会有足够的优越感。女士们，如果你不甘于在单位受气，也不甘于看着别人的腰包眼红，何不从现在开始努力提升自我价值呢？很多白领女性已经意识到这一点，他们在工作之余，不忘通过各种方法提升自我魅力、提高知识结构，不断地充实和完善自己，内外兼修，以此增加自己在职场打拼的实力。

提升个人自我价值，首先要有强烈的意识，如果意识模糊，那可能就会三天打鱼两天晒网，最后成了人人尽知的“口号大王”，不但对自己的价值无益，反而损毁了脚踏实地的好形象。

将一部分薪水划出来，上一些专业的学习班。周末英语班、短期绘画班，在职研究生班，这不但是能从中学到知识的最佳途径，也是让同事和领导对你刮目相看的最佳方式。学习班虽然收费不低，但是较为完美的课程、系统的学习、固定的时间，这些都可以强制性地帮助你提升专业水平，并获得提高职称水平的毕业证书。

如果你的资历已经较为丰富，就去参加一些国际资格认证的考试。在准备考试的过程中，规范的职业培训和紧张的考前训练，都会让你的职业水准在短时间内得到飞速提升。当然，选择这类课程一定要注重国际先进性和实用性，这样你才能“名”“利”双收。

提升自我价值时，千万别忘记“内外兼修”，着装、言谈、妆容、体态，这些方面也需要“提升”。好的商品不但功用优良，包装也会非常讲究，一个人在某种程度上也是一件商品，所以包装不可忽视。

通过阅读提升价值。阅读可以让你有更为广泛的知识，更多的情感体验，更强的判断能力，更深的专业知识……如果想要提升个人价值，就一定要养成每日阅读的习惯。

2

让自己持久优秀

做一个优秀的人并不难，难的是一辈子做一个优秀的人。职场里也是同样的道理，一时的风光可能谁都会有，但是在长时间的工作中，一直保持优秀的状态，则需要足够的坚持和耐力。当今的企业不缺乏优秀的人，有很多优秀的人才在市场上等着公司去选择；企业缺乏的是有持久优秀品质的员工，这样的员工所表现出来的忠诚、耐力、不断创造佳绩是企业最为需要的。要想做一个被企业需要的人，就得做一个持久优秀的人，让自己不可替代，让自己永远受欢迎。做一个持久优秀的人并不难，以下策略可以帮你实施。不过，在实施中最重要的仍然是坚持，你能做到吗？

不要过于固执。工作时时在扩展，不要老是以“这不是我分内的工作”为由来逃避责任。当前额外的工作指派到你头上时，不妨视之为考验。

苦中求乐。不管你接受的工作多么艰巨，鞠躬尽瘁也要做好，千万别表现出你做不来或不知从何入手的样子。

立刻动手。接到工作要立刻动手，迅速、准确及时完成，反应敏捷给人的印象是金钱买不到的。

谨言。职务上的机密必须守口如瓶；不要评价老板；对同事的言行保持缄默。

听从上司的临时指派。上司的时间比你的时间宝贵，不管他临时指派了什么工作给你，都比你手头上的工作来得重要。

荣耀归于他人。让上司在人前人后永远光鲜；让合作的同事得到认可；让你的下属感受成就感。

保持冷静。面对任何状况都能处之泰然的人，一开始就取得了优势。老板、客户不仅钦佩那些面对危机声色不变的人，更欣赏能妥善解决问题的人。

别存在太多的希望。千万别期盼所有的事情都会照你的计划而行。相反，你得时时为可能产生的错误做准备。

敢于作出果断决定。遇事犹豫不决或过度依赖他人意见的人是一辈子注定要被打入冷宫的。

广收资讯。要想成为一个成功的人，光是从影音媒体取得资讯是不够的，多看报章杂志才是最直接的知识来源。

3
发现自己的优势

你每天都在做你最擅长的事情吗？你现在从事的工作是你满意的工作吗？你要知道，只有发现自己的优势，对自己进行正确的定位，你在职场中才能一路坦途。只有从事适合自己的工作，才能心情愉快，对工作乐此不疲，你的创意与精力也会源源不断涌现出来。富兰克林说："宝贝放错了地方便是废物。"我们大部分的人对自身的才干和优势不甚了解，更不具备根据优势安排自己生活的能力。在人生的坐标系里，一个人如果站错了位置，用他的短处而不是长处来谋生的话，那会异常艰难甚至可怕，他可能会在永久的卑微和失意中沉沦。大量事实证明，一个人只能从自己的优势而非劣势中获得成功。每个人都有自己独特的优势，只要我们能够找到发挥自己潜能的方向，辅之合理有效的学习，就能够取得应有的成绩。

识别优势能力的线索。检查一下自己是否有某些过人的天赋，比如没有经过相关的教育和培训，却在某些方面的技能超过普通人；看看自己学什么最快，在什么方面的成绩更为优秀；明确自己最渴望并有能力去做的事情；在什么方面有所成就时，心里会有巨大的满足感。

尝试有一定难度的工作与活动。大部分人只发挥了所拥有的5%～10%的能力。尝试有一定困难的工作与活动，把潜能也发挥出来，你的成就会大大超过你的期望。

能力倾向测验。能力测验一般分为两类：一类是测先天的能力，即我们通常说的智力测验，主要是测第一类能力，即认知能力；另外一类是管理能力以及与具体职业相关的能力，它们可能综合了认知能力、社交能力、操纵能力，其中有先天的部分，但很多是后天可以培养的能力。

回顾描述自己能做的事情，归纳相应的能力。这些问题可以帮助你了解自己：别人认为我什么最出色？我最拿手的事是什么？我曾做过的最得意的事？在这件事中，体现了你的什么能力？

运用优势能力。发现了自己的优势能力，还要善于运用，否则你的优势就是白白浪费，毫无价值。

4

建立个人品牌

著名理论家弗洛姆早在50年前就说："如果个人不能把自己变成一项收益丰厚的投资，整个社会都会因此感到失败。"在这个工作变换频繁的年代，你不可能永远属于一家公司、一个职位，当裁员风暴席卷过来时，你随时可能成为其中一员。但是，竞争并不可怕，裁员也不可怕，可怕的是没有自己的个人品牌，一离职你所做的一切对于自己来说，就会彻底没有了，一切你又需要从头来过。因此，你需要建立自己的个人品牌。管理学大师汤姆·彼得斯认为："个人品牌与年龄无关，与职位无关，与我们偶然进入的行业无关，我们每一个人都必须认识到塑造品牌的重要性。我们是我们自己的公司——Me公司的执行总裁。"在建立个人品牌的过程中，我们可向以下几个方向努力。

保持长时间一致性的习惯。要树立个人品牌不是一朝一夕的事情，要在浪长的时间里保持一贯的做事态度和一定的能力水准，讲究持久性和可靠性。

始终保持共性，展现个性。个人作为公司、社会这个整体的一部分，需要首先与公司或社会的已有风格、文化保持整体性和兼容性，再在一定范围内树立自己的特色和品牌。

注重个人能力和个人品质的不断提升。要求在个人业务技能上的高质量和个人品质的高保证方面，做到两者兼备。要不断充实自己的专业知识，较强的工作技能是个人品牌的核心内容，还要不断提升道德修养，高尚的道德品质是个人品牌的主要元素。

要保持不断学习的精神和态度。漫无目标的跟风学习并不能为自己带来实际的收获，要建立个人品牌，就要学习那些对自己职业有用的知识。紧跟事物的发展变化，能未雨绸缪，早做准备。

要学会适度的包装和展示自己。正如商品需要精美的包装来吸引顾客一样，个人也需要一定的包装来展现个人品牌的特性。在不同的场合穿合适的衣服，说恰当的话，做该做的事都是一种对自我的包装，这些包装会将你想展示的个人品牌传达给别人。

5

完善职业生涯规划

初入职场时，要对职场有一个熟悉的过程，等过了3年左右，你就该完善自己的职业生涯规划了，这是从优秀到卓越的飞跃阶段。职业生涯规划的好坏不但关系到你未来的“钱”途，对你整个人生的意义也会有重大的影响。人生在每一个阶段都会有特定的任务和方向，在每一个阶段上的工作和生活，都应该是按照自己事先的规划来进行，如果只是盲目地工作，盲目地挣钱，盲目地生活，那可能你所有的努力都只会划入到庸庸碌碌当中去。职业规划是个人把自身的发展与组织发展相结合，对决定个人职业生涯的个人因素、组织因素和社会因素等进行分析，制订有关对个人一生中在事业发展上的战略设想和计划安排。完善职业生涯规划需要进行以下步骤。

全面的自我剖析。你要特别注意自己的性格和兴趣，在自己的优势位置上去发展自己，而不要为了一时的收入和地位浪费了自己的才华。仅仅为了收入的差距而放弃朝着正确的方向努力，这是得不偿失的事情。

评估职业生涯的机会，主要是对环境进行分析。可以把环境对自己有利与不利的因素作为制定目标和实现目标的参考依据。最好是把自己的最佳才能、最优性格、最大兴趣，配合最有利的环境，作为个人职业生涯设计的最佳组合。

重新选定行业。在重新选定行业时，考虑以下几个方面：个人兴趣、专业背景、发展潜力、附加值。在重新选择时，就算你选择的仍然是原来的行业，但至少你的选择是理性的，而不是盲目的。

确立发展目标。没有目标，就如同没有航向的帆船；只有在目标的驱使下，你才有更大的动力在工作上以高标准要求自己，才能在工作中感觉到自己的成就，并不断向高效率和高绩效努力。

制订行动计划。制订计划是朝向目标努力的具体实施，同时也是对个人努力的即时监督。只有在计划中，工作才能循序渐进。短期计划会让你更容易获得成就感，短期成就的积累，就是长期目标实现的基础。